a evolução da segurança pública municipal no Brasil

O selo DIALÓGICA da Editora InterSaberes faz referência às publicações que privilegiam uma linguagem na qual o autor dialoga com o leitor por meio de recursos textuais e visuais, o que torna o conteúdo muito mais dinâmico. São livros que criam um ambiente de interação com o leitor – seu universo cultural, social e de elaboração de conhecimentos –, possibilitando um real processo de interlocução para que a comunicação se efetive.

a evolução da segurança pública municipal no Brasil

Claudio Frederico de Carvalho

2ª edição, revista e atualizada

EDITORA intersaberes

Rua Clara Vendramin, 58
Mossunguê . CEP 81200-170
Curitiba . PR . Brasil
Fone: (41) 2106-4170
www.intersaberes.com
editora@editoraintersaberes.com.br

■ Conselho editorial
Dr. Ivo José Both (presidente)
Drª. Elena Godoy
Dr. Neri dos Santos
Dr. Ulf Gregor Baranow

■ Editora-chefe
Lindsay Azambuja

■ Gerente editorial
Ariadne Nunes Wenger

■ Analista editorial
Ariel Martins

■ Assistente editorial
Daniela Viroli Pereira Pinto

■ Preparação de originais
Alessandra Esteche

■ Edição de texto
Gustavo Piratello de Castro
Caroline Rabelo Gomes

■ Projeto gráfico
Raphael Bernadelli

■ Capa
Laís Galvão dos Santos *(design)*
Mauricio Fernandes e macrovector/
Shutterstock (imagens)

■ Diagramação
Studio Layout

■ Designer responsável
Sílvio Gabriel Spannenberg

■ Iconografia
Regina Claudia Cruz Prestes

Dados Internacionais de Catalogação na Publicação (CIP)
(Câmara Brasileira do Livro, SP, Brasil)

Carvalho, Claudio Frederico de
 A evolução da segurança pública municipal no Brasil/
Claudio Frederico de Carvalho. 2. ed. rev. atual. Curitiba:
InterSaberes, 2020.

 Bibliografia.
 ISBN 978-65-5517-807-4

 1. Criminalidade 2. Defesa civil 3. Municípios –
Administração pública 4. Polícia – Brasil 5. Segurança
pública – Administração 6. Segurança pública – Brasil –
História I. Título.

20-44504   CDD-363.10981

Índices para catálogo sistemático:
1. Brasil: Gestão em segurança pública: Problemas
sociais   363.10981

Cibele Maria Dias – Bibliotecária – CRB-8/9427

1ª edição, 2017.
2ª edição revista e atualizada, 2020.

Foi feito o depósito legal.
Informamos que é de inteira responsabilidade
do autor a emissão de conceitos.

Nenhuma parte desta publicação poderá ser
reproduzida por qualquer meio ou forma sem a
prévia autorização da Editora InterSaberes.

A violação dos direitos autorais é crime
estabelecido na Lei n. 9.610/1998 e punido
pelo art. 184 do Código Penal.

prefácio 15

apresentação 19

como aproveitar ao máximo este livro 23

introdução 27

Capítulo 1 **Os primórdios da segurança pública no Brasil - 31**

1.1 As primeiras milícias - 35
1.2 A influência francesa - 36
1.3 A criação da polícia no Brasil - 37

Capítulo 2 **Defesa social e segurança pública - 57**

2.1 O que é defesa social? - 58
2.2 O que é segurança pública? - 62
2.3 Fundamentos do policiamento - 64
2.4 Função *versus* denominação - 65
2.5 Dicotomia policial - 67

2.6 Policiamento ostensivo e preventivo - 68
2.7 Órgãos de segurança pública que atuam nos municípios - 73

Capítulo 3 **O município como entidade federativa - 79**

3.1 Autonomia municipal - 80
3.2 Ente federado - 82
3.3 Competência comum dos entes federados - 83
3.4 Competência dos municípios - 86
3.5 Competência concorrente - 89
3.6 Lei orgânica do município - 92

Capítulo 4 **Guarda Municipal I - 99**

4.1 A Guarda Municipal e a Constituição Federal - 100
4.2 O Estatuto do Desarmamento - 107
4.3 Formação profissional do guarda municipal - 121
4.4 Órgãos de controle - 128

Capítulo 5 **Guarda Municipal II - 141**

5.1 Lei Maria da Penha - 142
5.2 O Dia da Guarda Municipal - 144
5.3 O Estatuto Geral das Guardas Municipais - 145

Capítulo 6 **Instrumentos de gestão municipal - 171**

6.1 Plano Nacional de Segurança Pública - 172
6.2 Fundo Nacional de Segurança Pública - 175
6.3 Sistema Único de Segurança Pública - 178
6.4 Programa Nacional de Segurança Pública com Cidadania - 184
6.5 Conselho Nacional de Segurança Pública - 186
6.6 Conselho Municipal de Segurança Pública - 189
6.7 Gabinete de Gestão Integrada - 192
6.8 Defesa Civil - 200
6.9 Agente de trânsito - 213
6.10 Conselho Comunitário de Segurança - 218

considerações finais 227

referências 235

respostas 251

sobre o autor 255

Dedico esta obra aos profissionais da segurança pública, os quais, ao longo dos séculos, têm dedicado suas vidas à causa pública, auxiliando de maneira significativa na construção de uma nação mais justa, humana e solidária.

Agradeço a Deus.

À minha esposa, Viviane, e ao meu filho, Lucas.

Ao Professor Jorge Bernardi, pelo apoio e pelo incentivo na elaboração deste trabalho.

À Professora Alessandra Esteche, pela leitura atenta e carinhosa desta obra ainda em sua versão inicial.

A toda a equipe de profissionais da Editora InterSaberes, por todo o auxílio prestado prontamente quando me foi necessário. Sem a colaboração desses profissionais, certamente não teríamos produzido esta obra da forma que se apresenta.

"A polícia é o público e o público é a polícia."

Sir Robert Peel (1828), primeiro ministro britânico entre 1834 e 1835 e fundador da Polícia Metropolitana de Londres (citado por Rolim, 2006, p. 70)

A segurança é um direito fundamental no mesmo nível do direito à vida, à liberdade, à igualdade e à propriedade que determina o art. 5º da Constituição Federal (CF). Esse princípio abrange um amplo espectro, que vai desde a segurança pública até a segurança jurídica, e cabe ao Estado, como ente abstrato, garanti-lo a todos os cidadãos.

O grande desafio é a materialização desse e de outros direitos, o que ocorre por meio dos braços do Estado, que, como detentor do monopólio da força, de maneira legítima, tem o dever constitucional de garantir a todos a segurança pública.

A ordem imperativa, nesse caso, está prevista no art. 144 da CF, o qual estabelece que "A segurança pública, dever do Estado e responsabilidade de todos, é exercida para a preservação da ordem pública e da incolumidade das pessoas e do patrimônio" (Brasil, 1988).

A preservação da ordem pública tem, portanto, entre suas finalidades, manter a integridade físicas das pessoas, de seus bens, assim como do patrimônio do Estado, que a todos pertence.

prefácio

A obra *A evolução da segurança pública municipal no Brasil*, do Professor Claudio Frederico de Carvalho, trata, sem dúvida, desses e de muitos outros temas relacionados ao papel da segurança pública sob a ótica do município.

Como inspetor e ex-diretor da guarda municipal de Curitiba, o Professor Frederico, preocupado com a formação de seus quadros, foi um dos idealizadores do Centro de Formação e Desenvolvimento Profissional da Guarda Municipal, a Academia da Guarda, que ministra treinamentos teóricos e práticos na formação continuada dos guardas municipais curitibanos.

Nesse sentido, você, leitor, tem em mãos um dos trabalhos mais completos já publicados no Brasil sobre segurança pública municipal, escrito em linguagem acessível e sistematizado de modo a se ter uma visão geral e profunda do papel do município como garantidor do fundamental direito à segurança pública.

Estudioso do tema e pesquisador dedicado, o Professor Frederico conta, como bacharel em Direito, com sólida formação jurídica e tem sido referência como defensor da atuação na prevenção e no combate à criminalidade no ambiente municipal. Por isso, nesta obra, ele aborda o tema com a autoridade que lhe é peculiar.

O estudo abrange aspectos históricos e doutrinários, como conceitos de defesa e segurança pública e seus fundamentos; a importância do policiamento ostensivo e preventivo; e o papel das guardas municipais em um país federativo como o nosso.

Outro tópico a ser destacado, entre tantos outros, é a clareza e a profundidade da análise do Estatuto Geral das Guardas Municipais, um marco histórico na segurança pública municipal. Tal estatuto, com fundamento na Carta Magna, assegura ao braço do poder público local a função de proteção municipal preventiva, bem como a salvaguarda dos direitos humanos e das liberdades públicas, por meio do patrulhamento preventivo e do uso progressivo da força.

Este é, portanto, um livro que merece ser lido e estudado. E afirmo mais: os princípios e conceitos nele expostos devem ser colocados em prática por todos aqueles que têm o dever legal de agir na defesa de toda a sociedade.

Professor Jorge Bernardi
Doutor em Gestão Urbana

apresentação

O presente trabalho tem o propósito de servir como um material de estudo para a reflexão e a compreensão do que efetivamente vem a ser a segurança pública municipal, os seus desdobramentos e qual deve ser a parcela mínima de participação dos municípios no combate à criminalidade local.

Nas últimas décadas, o governo federal tem procurado incentivar os municípios a implantar, de maneira direta, ações conjuntas e sistêmicas, com outros organismos e instituições, além de estimular a promoção de políticas públicas que têm como objetivo a diminuição da criminalidade, a prevenção às violências, a manutenção da paz social, a promoção dos direitos humanos fundamentais e do exercício da cidadania e das liberdades individuais.

É sabido que o crime, na sua essência, ocorre nas cidades, ou seja, inicia-se dentro de um município e a abordagem de prevenção ou de combate ao crime sempre será realizada pelo profissional que estiver investido do poder de polícia.

Partindo desse princípio, inicialmente, buscaremos compreender o conceito de *segurança pública* por meio do questionamento "O que é *polícia*?". Conforme nos ensina o professor Amaral (2003, p. 23), polícia "é a atividade do Estado que consiste em limitar o exercício dos direitos individuais em benefício do interesse público". Ressaltamos que, desde o início do Estado Novo (1937) até a promulgação da Constituição Cidadã (1988), o conceito de *ordem pública* se limitava à segurança pública e o poder de polícia, por sua vez, era apenas sinônimo de segurança coletiva. Atualmente, porém, o Estado assumiu novas atribuições e a noção de *ordem pública* ampliou-se, passando a englobar inclusive a ordem econômica e social.

Dessa maneira, aumentou o poder de polícia, o qual, no período do regime militar, havia sido limitado à manutenção da ordem pública e a uma ação auxiliar na proteção da soberania nacional.

O corpo policial das cidades já existia desde a Roma Antiga, dividido em *civita* e *militare*; a primeira era responsável pela segurança da cidade, e a segunda, pela segurança externa, pela conquista de territórios e pela manutenção dos territórios dominados.

Compreendemos, assim, que as atividades de polícia sempre foram realizadas em todos os agrupamentos humanos, muito embora sua denominação como *instituição policial* não fosse tão clara assim. O termo *polícia* foi construído naturalmente com a evolução da sociedade humana, em um processo lento e contínuo, tornando-se um senso comum entre os povos.

Podemos concluir, com isso, que a definição do termo *polícia* está diretamente vinculada ao processo evolutivo de uma sociedade, razão pela qual, hoje, no Brasil, o termo apresenta vários sentidos, causando, muitas vezes, uma confusão entre a função *polícia* (sentido original) e a denominação *polícia* (sentido usual).

Assim, ressaltamos que, ao tratar da segurança pública, em específico da segurança pública municipal, devemos observar com muita acuidade as duas vertentes do termo *polícia*, que muitas vezes podem trazer uma interpretação equivocada e limitada da atuação dos municípios no combate à criminalidade local.

Vencida essa etapa, podemos discorrer sobre os agentes de segurança pública que prestam serviço nos municípios. Em regra, as forças de segurança pública dos estados e da União, estando fixadas em determinado município, passam a ter jurisdição sobre as ações da polícia nessa municipalidade, respeitando, contudo, os limites de sua atribuição funcional, previamente delimitada pela Constituição Federal.

Entretanto, em muitos municípios, a presença dos agentes de segurança pública, sejam federais, sejam estaduais, é muito deficitária, portanto, para suprir essa lacuna, o município, por mandamento constitucional, tem a faculdade de decidir pela criação ou não de uma Guarda Municipal.

Ao criar uma Guarda Municipal, o município passa a ter em seu quadro funcional, servidores públicos municipais que, em razão de suas atribuições e de acordo com a legislação federal em vigor, são policiais de prevenção, que devem inclusive buscar, por meio de suas ações, aplicar e implantar a proteção sistêmica à população, o que comumente chamamos de *ações de polícia comunitária*.

De maneira resumida, quando tratamos das ações realizadas pelos municípios no enfrentamento da criminalidade, além da implantação e da atuação das guardas municipais, há muitas outras ações e programas de governo que não podem e não devem ser desprezados, como o Gabinete de Gestão Integrada, a Comissão Municipal de Proteção e Defesa Civil e o Conselho Municipal de Segurança Pública, entre outros.

Neste livro, tratamos de todos esses aspectos, procurando discorrer sobre o conceito real e concreto de *defesa social* e sobre a parcela de contribuição dos municípios na redução da criminalidade e no aumento da segurança pública.

Empregamos nesta obra recursos que visam enriquecer seu aprendizado, facilitar a compreensão dos conteúdos e tornar a leitura mais dinâmica. Conheça a seguir cada uma dessas ferramentas e saiba como elas estão distribuídas no decorrer deste livro para bem aproveitá-las.

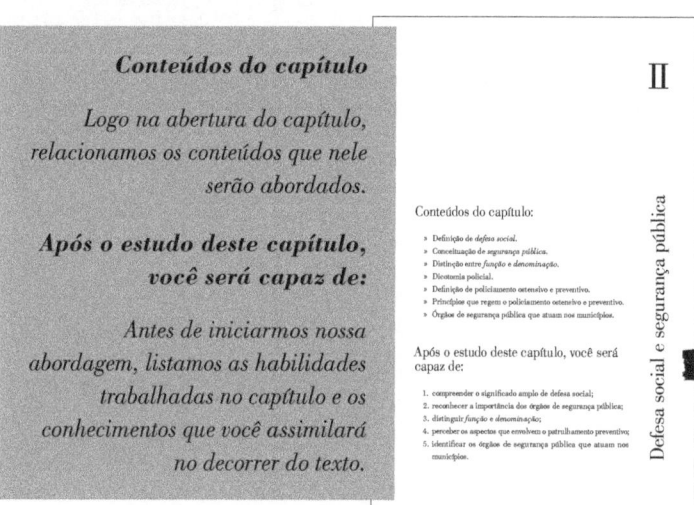

Conteúdos do capítulo

Logo na abertura do capítulo, relacionamos os conteúdos que nele serão abordados.

Após o estudo deste capítulo, você será capaz de:

Antes de iniciarmos nossa abordagem, listamos as habilidades trabalhadas no capítulo e os conhecimentos que você assimilará no decorrer do texto.

Curiosidade

Nestes boxes, apresentamos informações complementares e interessantes relacionadas aos assuntos expostos no capítulo.

como aproveitar ao máximo este livro

Hoje, consideramos fundamental que as guardas municipais procurem criar regulamentos próprios que definam regras referentes à graduação e à ascensão na carreira de guarda municipal, às insígnias e a outros assuntos importantes para a instituição, buscando, por meio do Conselho Nacional de Guardas Municipais, instituir uma padronização em âmbito nacional, a fim de que tenhamos instituições municipais independentes e autônomas, porém com características semelhantes em todo o Brasil.

O Estatuto Geral das Guardas Municipais se encontra determinando que as guardas municipais já existentes venham a se adaptar às novas regras no prazo de dois anos, contados a partir da data de sua publicação, e permitindo a utilização de outras denominações já consagradas pelo uso e pela própria história institucional ao longo dos anos, como: *guarda civil*, *guarda civil municipal*, *guarda metropolitana* e *guarda civil metropolitana*.

Síntese

Buscamos, neste capítulo, fazer um longo e aprofundado estudo sobre as legislações federais que regulam o funcionamento das guardas municipais para que o leitor tenha uma ampla noção da estrutura funcional, da competência legal, da forma de agir e das demais peculiaridades inerentes a essas instituições.

Por fim, traçamos algumas considerações acerca da carreira única de guarda municipal, apresentando os principais requisitos para a investidura no cargo de guarda municipal e algumas das características que essa atividade possui, tanto de identidade quanto de representatividade.

Síntese

Ao final de cada capítulo, relacionamos as principais informações nele abordadas a fim de que você avalie as conclusões a que chegou, confirmando-as ou redefinindo-as.

Questões para revisão

Ao realizar estas atividades, você poderá rever os principais conceitos analisados. Ao final do livro, disponibilizamos as respostas às questões para a verificação de sua aprendizagem.

Questões para revisão

1) A Lei n. 11.340, de 7 de agosto de 2006, conhecida como Lei Maria da Penha, descreve ações que podem ser realizadas pelo poder público tanto de modo individual quanto mediante convênio com outros órgãos. Partindo desse princípio, alguns Estados e Municípios instituíram a Patrulha Maria da Penha. Em qual tipo de prevenção se enquadra essa iniciativa? Justifique sua resposta.

2) Segundo o Estatuto Geral das Guardas Municipais, quantas e quais são as formas de prevenção de competência específica das guardas municipais?

3) Assinale a alternativa que preenche corretamente a seguinte frase:

   No art. 2º da Lei n. 13.022/2014, encontramos o conceito de guarda municipal e, consequentemente, sua identidade, sendo considerada como uma instituição _____ _____ e _____ desde que preenchidos os preceitos existentes no Estatuto do Desarmamento, que tem como função principal a proteção municipal _____.

   a. de caráter civil, uniformizada, armada, preventiva.
   b. de caráter militar, fardada, armada, ostensiva.
   c. de caráter civil, fardada, desarmada, preventiva.
   d. de caráter militar, uniformizada, desarmada, ostensiva.

4) Assinale a alternativa correta:
   a. O município com até 50 mil habitantes pode ter efetivo de guardas municipais de até 0,4% da população.

funcional, desde que atendidas as regras gerais do Estatuto do Desarmamento.
b. É correto afirmar que a guarda municipal de uma cidade com menos de 50 mil habitantes não pode armar seu efetivo operacional, mesmo que cumpridos os requisitos do Estatuto do Desarmamento.
c. É correto afirmar que a guarda municipal de uma cidade com mais de 50 mil habitantes pode armar seu corpo funcional, não sendo necessário atender às regras gerais do Estatuto do Desarmamento.
d. É correto afirmar que a guarda municipal de uma cidade com mais de 500 mil habitantes pode armar seu corpo operacional, não sendo necessário atender às regras gerais do Estatuto do Desarmamento.

Questões para reflexão

1) O Estatuto do Desarmamento criou regras rígidas e necessárias para as guardas municipais, mas limitou o porte de arma de seu efetivo usando como critério fundamental a relação com a quantidade populacional do município. Você concorda com esse critério de limitação?
2) A Constituição Federal, ao delegar aos municípios a faculdade de instituir suas guardas municipais, conferiu a municipalidade ao poder de polícia frente às ações de segurança pública?

Questões para reflexão

Ao propor estas questões, pretendemos estimular sua reflexão crítica sobre temas que ampliam a discussão dos conteúdos tratados no capítulo, contemplando ideias e experiências que podem ser compartilhadas com seus pares.

Para saber mais

Sugerimos a leitura de diferentes conteúdos digitais e impressos para que você aprofunde sua aprendizagem e siga buscando conhecimento.

Consultando a legislação

Listamos nesta seção os documentos legais que fundamentam a área de conhecimento, o campo profissional ou os temas tratados no capítulo para você consultar a legislação e se atualizar.

Para saber mais

BRASIL. Ministério da Justiça. Secretaria Nacional de Segurança Pública. **Matriz curricular nacional para guardas municipais:** para a formação em segurança pública. Brasília, 2005. Disponível em: <http://www.justica.gov.br/sua-seguranca/seguranca-publica/senasp-1/matriz-curricular-guardas-municipais2005.pdf>. Acesso em: 28 mar. 2017.
A Matriz curricular nacional para a formação das guardas municipais serve de guia para orientar a atuação das guardas municipais no exercício de suas funções.
BRASIL. Senado Federal. Projeto de Lei n. 547, de 2015. Altera a Lei n. 11.340, de 7 de agosto de 2006 (Lei Maria da Penha), para instituir o programa Patrulha Maria da Penha. 19 ago. 2015. Disponível em: <http://www25.senado.leg.br/web/atividade/materias/-/materia/122758>. Acesso em: 29 mar. 2017.
O texto do projeto de lei estabelece as regras para a instituição da Patrulha Maria da Penha em outas localidades do Brasil.

Consultando a legislação

BRASIL. Constituição (1988). **Diário Oficial da União,** Brasília, DF, 5 out. 1988. Disponível em: <http://www.planalto.gov.br/ccivil_03/Constituicao/Constituicao.htm>. Acesso em: 24 mar. 2017.
BRASIL. Lei n. 10.826, de 22 de dezembro de 2003. **Diário Oficial da União,** Poder Legislativo, Brasília, DF, 23 dez. 2003. Disponível em: <http://www.planalto.gov.br/ccivil_03/leis/2003/L10.826.htm>. Acesso em: 28 mar. 2017.
BRASIL. Decreto n. 5.123, de 1º de julho de 2004. **Diário Oficial da União,** Poder Executivo, Brasília, DF, 2 jul. 2004. Disponível em: <http://www.planalto.gov.br/ccivil_03/_ato2004-2006/2004/decreto/d5123.htm>. Acesso em: 28 mar. 2017.

Com a Constituição de 1988, o poder de polícia foi efetivamente ampliado para os entes públicos, em especial por meio da autonomia dos municípios, com a sua função agora voltada também para o interesse local, bem como em razão da alteração do que se entende por *ordem pública*, que passou a abranger também os princípios de ordem econômica e social.

Dessa maneira, as instituições policiais, visando ao cumprimento da lei maior, passaram a se adequar à norma vigente, assumindo uma função mais social e menos autoritária ou coercitiva, personificando o conceito de *polícia cidadã*.

Essa polícia cidadã, independentemente de sua denominação institucional, nada mais é do que a evolução e – por que não dizer? – o "retorno à fase embrionária" e à concepção original de segurança pública, ou seja, servir à população local, atendendo às necessidades e às demandas regionais.

Infelizmente, em determinados momentos políticos, os interesses dos governantes fazem as instituições policiais viverem no anonimato, fadadas a cumprir missões de segurança primária, desprezando assim sua real atribuição, bem como seu potencial institucional, na manutenção da ordem pública e na segurança da população.

Ao estudarmos a evolução da segurança pública no Brasil, poderemos perceber claramente a influência dos governantes, observando, por exemplo, que, em dado momento, uma organização policial pode ter outra denominação ou determinado segmento policial pode ser extinto ou substituído por outra instituição, muitas vezes mais nova, porém com atribuições constitucionais que atendam aos interesses políticos do governo da época. Em síntese, a submissão ou a supressão de uma força policial sempre estará vinculada a uma mudança de ação do Estado, por meio dos seus governantes.

Para finalizar, ressaltamos que, ao longo deste trabalho, vamos encontrar várias passagens e referências em relação ao município de Curitiba e ao estado do Paraná, em especial quando tratarmos do histórico da segurança pública no Brasil. Esclarecemos que nosso objetivo foi utilizar o método comparativo entre o que ocorria na Corte brasileira e qual era o seu reflexo no Paraná, tanto no período que antecedeu ao seu desmembramento da então província de São Paulo quanto no seu processo evolutivo ao longo da história da nação.

Considerando a complexidade do tema abordado, compusemos, para fins didáticos, cinco capítulos sobre o assunto.

No Capítulo 1, por meio de uma breve apreciação de fatos históricos e de legislações de várias épocas, discorremos sobre a evolução da segurança pública no país, tomando como ponto de referência o período do Brasil Império. Apresentamos também as diversas denominações das instituições policiais que atuaram ao longo dos últimos dois séculos, além das razões que motivaram a extinção ou a transformação de cada uma.

No Capítulo 2, tratamos do tema complexo e abrangente da defesa social, das suas vicissitudes e, em especial, da segurança pública, explicitando quais são os órgãos públicos que executam essa missão constitucional.

No Capítulo 3, abordamos a parcela de responsabilidade dos municípios no combate à criminalidade e ao aumento da violência.

No Capítulo 4, procuramos interpretar o texto Constitucional sobre as Guardas Municipais e a Legislação específica do porte de arma de fogo para as guardas municipais e seus agentes.

No Capítulo 5, com uma linguagem clara e de fácil entendimento, trazemos comentários e observações sobre as demais legislações vigentes no país que tratam das guardas municipais e das guardas civis municipais.

Por fim, no Capítulo 6, apresentamos os diversos instrumentos que podem e devem ser utilizados pelos gestores públicos municipais a fim de efetivamente inserir as ações de defesa social na municipalidade.

Assim, convidamos os leitores a desfrutar dos estudos que serão apresentados nos próximos capítulos, ressaltando que um livro nunca terá como objetivo encerrar um assunto, mas sim permitir que se abram as portas do conhecimento, sinalizando um novo horizonte a se perseguir, seja com o intuito de corroborar os pensamentos expostos, seja com o propósito de produzir um novo e justo caminho a trilhar.

Bons estudos!

I

Conteúdos do capítulo:

» Concepção histórica de polícia.
» Primeiras milícias de segurança no Brasil.
» Criação da polícia no Brasil.
» Policiamento municipal.
» Guardas Policial, Urbana, Fiscal e de Trânsito.
» Polícias administrativa, judiciária e cidadã.
» Polícia Militar.

Após o estudo deste capítulo, você será capaz de:

1. reconhecer as diversas denominações policiais que existiram e ainda existem no país;
2. entender a razão do controle das forças policiais ser exercida pelo poder central;
3. identificar a diferença entre função e denominação policial;
4. perceber a origem de algumas instituições policiais no Brasil;
5. comprovar a necessidade do policiamento de prevenção;
6. compreender dois séculos de história da nação e seus reflexos nas forças policiais.

Os primórdios da segurança pública no Brasil

É próprio da natureza humana o convívio em sociedade. Na Grécia Antiga, o filósofo Aristóteles já afirmava, em sua obra intitulada *Política*, que "o homem é um ser gregário por natureza" (Aristóteles, 2008).

Dessa maneira, é natural que o homem viva em grupos sociais e que estes acabem por misturar-se com outros grupos sociais e fundir-se a eles, criando uma diversidade cultural e social. É perfeitamente plausível acreditar que pessoas distintas, quando se reúnem, trazem consigo e compartilham com o grupo seus entendimentos pessoais, assim como seus tabus e conceitos preestabelecidos.

Com isso, apresentam-se os ingredientes naturais para que as interações entre pessoas acabem gerando conflitos – com maior ou menor complexidade, porém, na sua essência, conflitos.

A fim de criar condições de crescimento e de convívio harmonioso em sociedade, são criadas regras e normas de conduta, as quais, se obedecidas, possibilitam uma diminuição no número de conflitos e um aumento na satisfação e na interação dos grupos sociais, de forma respeitosa e equilibrada.

Em uma sociedade tribal, o próprio líder do grupo preservava as tradições, mantendo e aprimorando as regras de convívio. No entanto, à medida que a sociedade cresce, passa a ser cada vez mais fundamental a ação de agentes de coerção mais eficazes, pois nem sempre as ações dos indivíduos podem ser controladas apenas por um chefe. É nesse momento que se inicia a instalação de uma nova organização, à qual é delegado o poder de polícia, antes exercido exclusivamente pelo chefe do clã. Nasce assim a força policial nesse determinado grupo social.

> A polícia, de maneira clara e objetiva, é um organismo que emerge do seio do próprio grupo (sociedade humana), tendo como finalidade a garantia do bem comum dos seus integrantes e da coesão entre eles.

O progresso do conhecimento, com a evolução da humanidade, criou uma compartimentação do sentido de *polícia*; assim, hoje temos a ação de polícia administrativa, judiciária, alfandegária, aduaneira, fiscal etc. Trata-se, no entanto, de ramos de um mesmo setor do Estado, cuja missão é a manutenção da ordem pública e da segurança das pessoas, ou seja, a garantia da incolumidade física do cidadão.

O Estado, com uma forma organizada de governo, de natureza política, é detentor de **poderes políticos e administrativos** sobre o território no qual é estabelecido. Os poderes políticos, no desempenho de suas funções constitucionais, são exercidos pelos poderes Legislativo, Executivo e Judiciário. Os poderes administrativos, por sua vez, são exercidos pela Administração Pública e, consequentemente, também pelo Poder Executivo, efetivando-se com as necessidades e as exigências dos serviços públicos e com os interesses da sociedade.

Desse modo, enquanto os poderes políticos se assemelham mais aos poderes de Estado, os poderes administrativos se propagam por toda a Administração, consubstanciando-se com ela por meio de sua própria atuação.

Surge, assim, o objeto principal do nosso estudo o poder de polícia administrativa, inerente ao Estado e que tem por finalidade a proteção do interesse público.

Para tanto, vamos reproduzir a conceituação de *poder de polícia*, conforme descrito em nosso ordenamento jurídico, no art. 78 da Lei n. 5.172, de 25 de outubro de 1966:

> Art. 78. Considera-se poder de polícia atividade da administração pública que, limitando ou disciplinando direito, interesse ou liberdade, regula a prática de ato ou abstenção de fato, em razão de interesse público concernente à segurança, à higiene, à ordem, aos costumes, à disciplina da produção e do mercado, ao exercício de atividades econômicas dependentes

> de concessão ou autorização do Poder Público, à tranquilidade pública ou ao respeito à propriedade e aos direitos individuais ou coletivos.
>
> Parágrafo único. Considera-se regular o exercício do poder de polícia quando desempenhado pelo órgão competente nos limites da lei aplicável, com observância do processo legal e, tratando-se de atividade que a lei tenha como discricionária, sem abuso ou desvio de poder. (Brasil, 1966)

Destacamos que, para o exercício dessa função de Estado, as atribuições ou competências podem ser de natureza exclusiva ou concorrentes nas três esferas estatais: União, estados e Distrito Federal e municípios.

A prestação de serviço público ou privado, vinculado diretamente ao cumprimento da lei e da ordem, no que tange à segurança pública, é diversificada no país, seja por meio das instituições descritas no art. 144 da Constituição Federal de 1988, seja por meio de empresas particulares de segurança, vigilância, escolta e guarda.

Entretanto, uma vez que o poder de polícia é inerente e exclusivo ao Estado, tendo este como missões fundamentais a manutenção da ordem pública e a incolumidade física das pessoas e do patrimônio público e privado, naturalmente há, nos agentes dos órgãos públicos, responsabilidade na execução do mandamento constitucional de exercer a função policial.

Assim, no exercício de policiar, há as atividades de limitar, controlar e fiscalizar as ações dos indivíduos em benefício da coletividade, ou seja, de primar sempre pelo cumprimento da lei, pela ordem e pela coletividade.

1.1 As primeiras milícias

No Brasil, já havia a ideia de polícia no período colonial, porém sua atuação era reservada à preservação do território, garantindo o patrulhamento do litoral. À medida que foram instaladas feitorias ao longo da orla marítima, alguns colonos começaram a povoar a região e a exercer um papel múltiplo, tanto como lavradores quanto como membros da força de defesa do povoado.

Uma das primeiras tropas de milícia armada do Brasil foi instalada na cidade de São Vicente no ano de 1542, tendo como missão principal expulsar uma força espanhola que ameaçava aquela capitania. Na verdade, tratava-se apenas de uma organização de colonos que, além das suas atividades normais, exercia a função de defesa da soberania nacional.

Com o progresso, ao longo dos anos, a Colônia passou a ter três linhas de tropas. A primeira era voltada à defesa externa, a segunda tinha a função de garantir a segurança interna e a última, composta por voluntários, em sua maioria lavradores, professores e comerciantes, procurava suprir as falhas e as carências das duas anteriores. No ano de 1531, durante o governo de Martin Afonso de Souza, foram estabelecidas as primeiras diretrizes destinadas à ordem pública, quando D. João III (rei de Portugal) delegou para o governador-geral do Brasil tanto as competências civis quanto as penais para tratar das questões da colônia.

Assim, desde o descobrimento até o início do século XIX, geralmente eram as tropas de segunda e de terceira linhas que tinham a função de efetuar o policiamento na Capitania Real de São Paulo (parte da antiga Capitania de São Vicente). Com a descoberta de ouro e de pedras preciosas na região que veio a ser Minas Gerais, durante o início do século XVIII, houve grande acúmulo de pessoas na região, o que deu origem a instabilidades ocasionadas pela cobiça do ouro e das pedras preciosas e fez surgir a necessidade de constituir uma tropa armada específica, a fim de proteger em especial as riquezas que pertenciam à Coroa Portuguesa.

Portanto, com a missão de impedir a sonegação de impostos e combater a institucionalização da violência, o então Governador Pedro Migual de Almeida, o Conde de Assumar, solicitou ao rei de Portugal que enviasse à capitania de Minas Gerais duas Companhias de Dragões, unidade militar da Coroa Portuguesa, composta de 60 a 200 soldados.

Contudo, em razão da ineficiência das Companhias de Dragões, ambas foram extintas e, no dia 9 de junho de 1775, foi criado o primeiro corpo de policiais do Brasil, composto em sua maioria por brasileiros, remunerados pelos erários da Capitania. Tratava-se do Regimento Regular de Cavalaria de Minas.

> Como fato histórico, houve o ingresso nos quadros do Regimento Regular de Cavalaria de Minas, no ano de 1775, de Joaquim José da Silva Xavier, o Tiradentes, exercendo a função inicial de alferes. Posteriormente, no ano de 1780, passou a ocupar o cargo de comandante do quartel de Sete Lagoas.

1.2 A influência francesa

Na França, no período que antecedeu ao Iluminismo, os militares realizavam a segurança interna e externa, sem que houvesse qualquer divisão de função. Os militares que tinham a missão de patrulhar e de manter a segurança da população eram conhecidos como *marechais*, e a força comandada por eles era chamada *marechaussée*. Essa forma de segurança pública se manteve até a Revolução Francesa.

Somente após a Declaração dos Direitos do Homem e do Cidadão, em 1789, é que foi criado um corpo de profissionais específicos, a **força pública**. Assim, por força de lei, a *marechausée* foi extinta, dando lugar a uma nova instituição policial denominada *gendarmaria* (Gendarmerie Nationale), os "homens armados".

Com a assunção de Napoleão Bonaparte ao poder e, consequentemente, com as conquistas gaulesas, essa nova estrutura de força policial foi disseminada por todo o continente europeu.

Com isso, Portugal, seguindo a mesma linha de atuação, no ano de 1801, criou a Guarda Real de Polícia, inspirada nos moldes da Gendarmerie Nationale da França. Com a vinda da realeza ao Brasil, essa experiência acabou se multiplicando e a Guarda Real de Polícia ficou conhecida como a *polícia da Corte,* na cidade do Rio de Janeiro.

1.3 A criação da polícia no Brasil

No século XVI, as Ordenações Filipinas – sistema jurídico que vigorava em Portugal e, consequentemente, no Brasil (tanto no período colonial quanto em parte do imperial) – deram início à criação e ao desenvolvimento das **Polícias Urbanas** no Brasil. Até então, os serviços gratuitos de polícia eram exercidos pelos próprios moradores, organizados por quadras ou quarteirões e controlados inicialmente pelos alcaides – antigos funcionários incumbidos de cumprir as determinações judiciais, com função semelhante à do oficial de justiça – e, mais tarde, pelos juízes da terra – magistrados escolhidos localmente nas freguesias e que desempenhavam funções jurisdicionais e administrativas.

Na época, havia o Corpo de Quadrilheiros, instituído oficialmente no reino português em 1383 e tendo sua atuação ampliada em 15 de março de 1521, passando a ser obrigatório em todas as cidades, vilas e lugares para prender os malfeitores do país. Esse grupo foi estendido ao Brasil colonial e era responsável pelo policiamento da cidade do Rio de Janeiro e demais vilarejos. Com a chegada da "nova população" composta por colonizadores que passaram a se instalar no país em busca de riquezas, considerou-se que os quadrilheiros não seriam mais suficientes para proteger a Corte, que era composta de 60 mil pessoas, mais da metade escravos.

Assim, os quadrilheiros foram progressivamente substituídos por pedestres, corpos de milícias, serviços de ordenanças, companhias de dragões, regimento de cavalaria, guarda real de polícia e guardas municipais. Na legislação brasileira, a partir de 31 de março de 1742, os quadrilheiros nunca mais foram citados.

Uma vez fixada no Brasil a Corte Portuguesa com D. João VI, foi criado o cargo de Intendente Geral de Polícia, através do Alvará de 10 de maio de 1808. De forma mais específica ao que se refere às Guardas Municipais, [com] um Decreto de 13 de maio de 1809 [...] D. João criou a Divisão Militar da Guarda Real de Polícia da Corte, formada por 218 guardas com armas e trajes idênticos aos da Guarda Real Portuguesa. Era composta por um Estado-Maior, 3 regimentos de Infantaria, um de Artilharia e um esquadrão de Cavalaria. Seu primeiro comandante foi José Maria Rebello de Andrade Vasconcellos e Souza, ex-capitão da Guarda de Portugal. Como seu auxiliar foi escolhido um brasileiro nato, Major de Milícias Miguel Nunes Vidigal. A Guarda passou a ser subordinada ao Governador das Armas da Corte, sendo este comandante da força militar e sujeito ao Intendente Geral de Polícia, como autoridade Policial. A Divisão Militar teve participação decisiva em momentos importantes da história brasileira

> *como, por exemplo, na Independência do país. No início de 1822, com o retorno de D. João VI a Portugal, começaram as articulações para tornar o Brasil um país independente. A Guarda Real de Polícia, ao lado da princesa D. Leopoldina e o Ministro José Bonifácio de Andrade e Silva, manteve a ordem pública na cidade de forma coesa e fiel ao então príncipe D. Pedro, enquanto ele viajava às terras do atual estado de São Paulo.* (Carvalho, 2011b, p. 22-23)

Com a abdicação de D. Pedro I, o Brasil passou a ser governado pela Regência Trina Provisória, ocasião em que a Guarda Real de Polícia, cujos quadros eram compostos principalmente por cidadãos de origem portuguesa, acabou se insurgindo contra o novo sistema de governo, conforme segue:

> *Proclamação de 15 de Julho de 1831 da regência permanente á tropa.*
>
> *Soldados. – A gloria que adquiristes no Campo da Honra, pela vossa briosa união no dia 7 de Abril, principia a declinar pelo espirito de insubordinação, e desordem, que alguns dentre vós acabam de manifestar. O susto, e a consternação, que tendes causado aos pacificos habitantes desta Cidade, tomando as armas para enfraquecer o poder legal, que era vossa obrigação sustentar para triumpho heroico da nossa regeneração, não póde deixar de tornar-vos estranhos á grande Familia Brazileira, a que pertenceis; e esta só idéa deve cobrir-vos de um nobre pejo, para arrependidos tornardes ao gremio da Nação, de que a vossa inconsiderada conducta parece ter-vos alienado. Se continuais obstinados em vossos erros, não podeis pertencer mais á Nação Brazileira; que não é Brazileiro, quem não respeita o Governo do Brazil.* (Brasil, 1831e)

Em 14 de junho de 1831, momento em que o Brasil Império passava por um período muito conturbado durante o governo da Regência Trina Provisória, a fim de manter a segurança da Corte e das demais províncias, foi criado o **Corpo de Guardas Municipais**, dividido em esquadras, em cada Distrito de Paz, divisões administrativas e judiciárias dos municípios.

A título ilustrativo, apresentamos a seguir juramento a que deveria se submeter todo cidadão que passasse a integrar esse corpo de profissionais, conforme Decreto de 14 de junho de 1831:

> Art. 13.
>
> [...]
>
> Juro sustentar a Constituição, e as leis, e ser obediente ás autoridades constituidas, cumprindo as ordens legaes que me forem communicadas para segurança publica e particular, fazendo os esforços, que me forem possiveis, para separar tumultos, terminar rixas, e prender criminosos em flagrante; participando, como me incumbe, immediatamente que chegarem ao meu conhecimento, todos os factos criminososo, ou projectos de perpetração de crime. (Brasil, 1831b)

Nesse período, o Império ainda contava com a existência da antiga **Guarda Real de Polícia**, a qual mantinha sua devoção irrestrita ao Imperador D. Pedro I, vindo novamente a se insurgir, no dia 14 de julho, contra a Regência Trina Provisória. Como reprimenda a essa ação que atentava contra o poder estabelecido, no dia 17 de julho, a Guarda Real de Polícia instituição policial foi efetivamente extinta. Na mesma data foi criado o cargo de Inspetor Geral das Guardas Municipais, convalidado com a nomeação do General Sebastião do Rego Barros para ocupá-lo.

Com a mudança da Regência Trina Provisória para a Regência Trina Permanente, no dia 18 de agosto de 1831, foi instituída a

Guarda Nacional e extintas as guardas municipais, os corpos de milícias e os serviços de ordenanças.

Entretanto, não demorou muito para que a necessidade de um grupamento de profissionais voltados à manutenção da ordem pública fosse percebida. Em 7 de outubro de 1831, os membros da extinta Guarda Real de Polícia se rebelaram na Ilha das Cobras. Curioso é que, durante a intervenção a essa rebelião, mesmo com a instituição extinta, um guarda municipal morreu em serviço, e o registro indelével do fato se deu mediante Decreto Imperial, declarando que o cidadão Estevão de Almeida Chaves foi o primeiro guarda municipal que "deu a vida em defesa da lei, da Pátria e da Liberdade", devendo o seu nome ser inscrito "no livro destinado a transmitir à posteridade os grandes acontecimentos" (Feijó, 1873, p. 47).

Após perceber a carência dos municípios em relação à segurança local, em 10 de outubro de 1831, mediante Lei Imperial, foram novamente reorganizados os corpos de guardas municipais voluntários no Rio de Janeiro e nas demais províncias. Em 22 de outubro, entrou em vigor o 1º Regulamento das Guardas Municipais.

O então Ministro da Justiça, Diego Antonio Feijó (1784-1843), que mais tarde seria regente do Império do Brasil, fez o seguinte pronunciamento, na sessão de encerramento da Assembleia Geral Legislativa em 1º de novembro de 1831:

> No interior a lei cobra o seu imperio; e se os partidos desencontrados, aspirações illegaes, paixões violentas, arrastam aqui, e alli a licença, e produzem commoções, a nação as repelle, e detesta como fataes precursoras da anarchia, e despotismo. O Brazil se recordará sempre grato dos relevantes serviços prestados pelos Guardas Municipaes, Officiaes, soldados, e outros bravos militares; estes dignos Brazileiros têm arrostado por toda a parte os maiores perigos, esquecidos de si, e só tendo por diante o que lhes merece a sua patria. (Brasil, 1831f)

Seguindo os passos do governo imperial, na província de São Paulo, no dia 15 de dezembro de 1831, "por Lei da Assembleia Provincial proposta pelo Presidente da Província, Brigadeiro Rafael Tobias de Aguiar, foi criado o Corpo de Guardas Municipais Permanentes, composto de cem praças a pé e trinta praças a cavalo; eram os **cento e trinta de trinta e um**" (Carvalho, 2011a, grifo nosso).

Em 1832, com a criação do posto de major da Guarda Municipal, foi nomeado para ocupar essa patente Luiz Alves de Lima e Silva, o Duque de Caxias, posteriormente empossado no cargo de comandante do Corpo de Guardas Municipais Permanentes, em 18 de outubro, após ter atuado como subcomandante dessa instituição desde junho do mesmo ano. Com a promoção ao posto de coronel, em dezembro de 1839, Caxias deixou o comando da Guarda Municipal, vindo a assumir outras funções de destaque na Corte.

> *A primeira posição de comando exercida pelo então major Luiz Alves de Lima foi exatamente a de comandante das Guardas Municipais Permanentes do Rio de Janeiro. Assumindo esse posto em 1832 e nele permanecendo até 1839, por 7 anos consecutivos, foi um dos responsáveis pela repressão aos movimentos de rua que se alastraram pela corte após a abdicação de D. Pedro I. Uma experiência praticamente ignorada por seus biógrafos.* (Souza, 2017)

Nas cidades do Império que não eram capitais das províncias, em lugar da instalação de um contingente próprio da guarda municipal, foram criadas, por meio do Decreto n. 55, de 7 de outubro de 1833 (Brasil, 1833), as guardas policiais, ficando a implantação a cargo das respectivas Câmaras Municipais. Sua função era idêntica à desempenhada pelas guardas municipais, a única diferença era a questão de não pertencer à capital de uma província do Império.

Em 25 de junho de 1834, foi aprovada a proposta do Conselho Geral da Província de São Paulo para organização da guarda policial em toda a província, mediante a entrada em vigor do Decreto Imperial n. 9, de 25 de junho de 1834 (Brasil, 1834b). Assim, a denominação *guarda policial* passou ser um sinônimo de *guarda municipal*. No período, a utilização dos termos variava; em Curitiba, por exemplo, foi mantida a denominação *guarda municipal*. Todo cidadão que não era incorporado à Guarda Nacional, em razão dos recursos escassos para esse fim, tendo idade compatível para a função, passou a incorporar uma guarnição da guarda policial.

Curiosidade

O Brasil, seguindo os moldes de Portugal, instituiu a Guarda Real de Polícia. Agora, somos nós que servimos de exemplo para Portugal, que, na mesma linha de raciocínio, em 3 de julho de 1834, criou, inicialmente na cidade de Lisboa, a Guarda Municipal em substituição à Guarda Real de Polícia. Assim, em Portugal de 1834 até o fim da monarquia (em 5 de outubro de 1910), a Guarda Municipal foi a única instituição policial que atuou ininterruptamente no policiamento das cidades portuguesas.

Em razão dos diversos conflitos que surgiam no período regencial, o contingente das guardas municipais era constantemente incorporado às fileiras da Guarda Nacional, somando-se a esta nas batalhas campais. Em razão dessa atuação de enfrentamento e combate, as guardas municipais acabavam assumindo uma postura mais militarizada, distanciando-se das origens do policiamento cidadão.

Figura 1.1 – Livro de alistamento de guardas municipais em Curitiba – 1835 a 1846

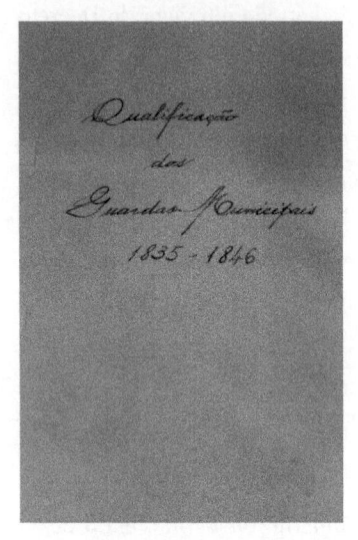

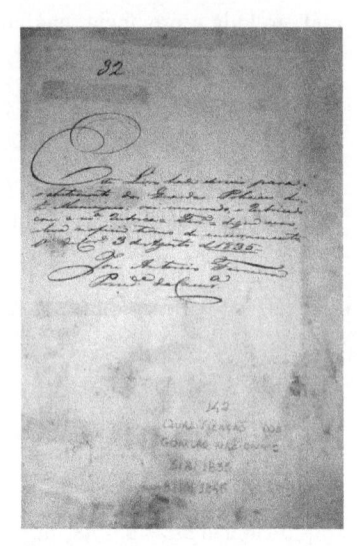

Livro de Qualificações das guardas municipais 1835-1846. Câmara Municipal de Curitiba.

Em dezembro de 1839, após oito anos comandando o Corpo de Guardas Municipais Permanentes da Corte, Duque de Caxias despediu-se da tropa, para assumir outras funções públicas:

> *Camaradas! Nomeado presidente e comandante das Armas da Província do Maranhão, vos venho deixar, e não é sem saudades que o faço: o vosso comandante e companheiro por mais de oito anos, eu fui testemunha de vossa ilibada conduta e bons serviços prestados à pátria, não só mantendo o sossego público desta grande capital, como voando voluntariamente a todos os pontos do Império, onde o governo imperial tem precisado de nossos serviços [...]. Quartel de Barbonos, 20/12/39.*
> *Luís Alves de Lima e Silva.* (Carvalho, 2008, p. 24-25)

A fim de manter a característica fundamental no policiamento das cidades, em 4 de fevereiro de 1836, mediante decreto imperial

(Brasil, 1864), foi criada a Guarda Urbana. Seu contingente era composto de duzentos guardas municipais, que tinham a missão de fazer o serviço de polícia nas cidades.

Essa iniciativa buscava estimular a organização de uma polícia que proporcionasse maior garantia à propriedade e à segurança individual e tornasse mais proveitoso e menos oneroso o serviço prestado pelos então guardas municipais.

Em 31 de janeiro de 1842, o Regulamento n. 120 (Brasil, 1842b) regulamentou a execução da parte policial e da parte criminal no Império e dividiu a função policial em duas áreas de atuação: polícia administrativa e polícia judiciária. Ambas tinham a incumbência de manter a segurança e a tranquilidade pública, além de executar as leis. Para tanto, a polícia administrativa tinha a atribuição de avaliar se a conduta de uma pessoa era uma transgressão às posturas municipais, aplicando-lhe as medidas cabíveis. A função de polícia judiciária, por sua vez, era mais focada na esfera penal, e seus executores tinham como atribuições proceder o corpo de delito, prender os culpados pelos crimes e conceder mandados de busca quando necessário.

Com a regulamentação e a divisão das atribuições entre a polícia judiciária e a polícia administrativa, as funções de chefe de polícia, delegado de polícia, subdelegado dos distritos, juiz municipal, juiz de paz, inspetor de quarteirão e fiscais municipais, assim como as atribuições das Câmaras Municipais no que dizia respeito à fiscalização do cumprimento da lei e da ordem, passaram a ter uma padronização em todo o Brasil Império.

No dia 1º de julho de 1842, entrou em vigor o Decreto n. 191 (Brasil, 1842a) das guardas municipais permanentes, que padronizou a atuação, as patentes e os uniformes dessas instituições em todo o país.

Na província do Paraná, recém-emancipada, o Presidente Zacarias de Góes e Vasconcellos, por meio da Lei n. 7, em 10 de agosto de 1854 (Paraná, 1854), criou a Força Policial, à qual o cidadão curitibano com idade entre 18 e 35 anos deveria se alistar, servindo nela pelo tempo de três a quatro anos e somar-se no policiamento de Curitiba às guardas municipais já existentes.

Com a Guerra do Paraguai, novamente a questão da militarização das guardas municipais foi constatada quando do seu retorno às cidades. Assim, por meio do Decreto n. 3.598, de 27 de janeiro de 1866 (Brasil, 1866), a força policial do país foi reorganizada e dividida em dois corpos: um militar e outro civil.

O corpo militar era o corpo policial já existente, mantendo a nomenclatura *Guarda Municipal*; já o corpo paisano ou civil foi denominado *Guarda Urbana* e ficou subordinado ao chefe de polícia local, resgatando a terminologia de 1836.

Curiosidade

Durante a Guerra do Paraguai, em 1865, Brasil, Argentina e Uruguai formaram a Tríplice Aliança para combater os mais de 80 mil soldados paraguaios. Assim, como não tínhamos um contingente da Guarda Nacional suficiente para o combate, por meio do Decreto Imperial n. 3.371, de 7 de janeiro de 1865 (Brasil, 1865), foi criado um grupamento específico, denominado **Voluntários da Pátria**. Em 10 de julho daquele ano, partiram 510 oficiais e praças do Quartel dos Barbonos da Corte, grupo que recebeu o nome de 31º Corpo de Voluntários da Pátria, cuja participação foi vitoriosa em todas as batalhas das quais tomou parte: Tuiuti, Esteiro Belaco, Estabelecimento, Lomas Valentinas e Avaí.

A Guarda Municipal, após mais de 50 anos compondo a força auxiliar da Guarda Nacional, na condição de corpo de exército de primeira linha, nas diversas batalhas que foram travadas ao longo desse período, assumiu uma característica militarizada, passando a ser conhecida como *Corpo Policial Militar*, muito embora mantivesse sua denominação original.

A fim de reforçar o policiamento urbano, fez-se necessária a criação de mais um corpo policial. Assim, em 9 de outubro de 1889, por meio do Decreto n. 10.395 (Brasil, 1889), foi criada a **Guarda Cívica**, com a finalidade de auxiliar o patrulhamento da capital do Império.

Nos atos que antecederam a Proclamação da República, o Corpo Policial Militar mais uma vez viria a fazer parte da história da nação, agora montando guarda no alvorecer do dia 15 de novembro de 1889 na então Praça da Aclamação (atual Praça da República) ladeado pelos republicanos que se reuniram naquele local.

Em razão de o contingente do corpo de guardas municipais ser equivalente a uma brigada, no ano de 1892, a instituição foi elevada à condição de Brigada Militar.

No novo momento político pelo qual o Brasil passava, vários municípios reorganizaram ou criaram suas guardas municipais, como a cidade de Porto Alegre, por meio do Ato n. 6, de 3 de novembro de 1892, e a cidade de Recife, por meio da Lei n. 3, de 22 de fevereiro de 1893.

Seguindo a manutenção e a reorganização das guardas municipais, em Curitiba, a Câmara Municipal, em 22 de novembro de 1895, decretou o novo Código de Posturas Municipais. Nesse documento legal, percebemos a permanência da guarda municipal, rompendo o período imperial e mantendo as suas atribuições no policiamento das cidades, agora somando a elas a competência de fiscalizar também as posturas municipais, atribuição que havia sido transferida aos guardas urbanos.

Assim, entre as competências legais dos guardas municipais de Curitiba estava conferir se os comerciantes cumpriam com as suas obrigações contributivas junto ao erário municipal, verificar se as posturas municipais eram respeitadas e aplicar multa aos comerciantes infratores.

Com o governo republicano, no ano de 1902, entrou em vigor o Decreto n. 947, de 25 dezembro de 1902 (Brasil, 1902), que alterou o sistema policial existente e dividiu novamente a polícia em *civil* e *militar*.

Assim, a polícia civil passou a estar vinculada ao chefe de polícia, tendo em seus quadros as funções de delegados auxiliares, delegados das circunscrições urbanas e suburbanas, inspetores seccionais, agentes de segurança e um corpo de profissionais uniformizados denominado *Guarda Civil*, com atribuições semelhantes e suplementares à da polícia militar (Pessoa, 2019).

Por sua vez, a função de polícia militar permaneceu sendo exercida pela Brigada Militar, em cumprimento ao disposto no Decreto n. 4.272, de 11 de dezembro de 1901 (Brasil, 1901).

No ano de 1905, seguindo essa divisão, toda a força policial existente no país foi reorganizada por meio do Decreto n. 1.326, de 2 de janeiro de 1905 (Brasil, 1905), que manteve as forças policiais já existentes e multiplicou a instalação tanto da Brigada Militar quanto da Guarda Civil nos demais estados da nação brasileira. No Estado do Paraná, por exemplo, o Decreto n. 262, de 17 de junho de 1911, criou a Guarda Civil, com a missão de auxiliar na manutenção da ordem e da segurança pública de Curitiba e da região metropolitana.

Em Curitiba, de agosto de 1835 a novembro de 1932, por quase 100 anos consecutivos, esteve presente a figura do guarda municipal que, em determinados momentos, efetuava o patrulhamento exclusivo na cidade, como única força policial existente, e, em outros, atuava de forma concorrente à força pública na segurança do município.

Em 25 de novembro de 1932, os últimos guardas municipais de carreira do município de Curitiba transitaram para o cargo de guarda fiscal, assumindo assim a atribuição de patrulhar e de fiscalizar parques, praças, bosques e o trânsito da capital paranaense. Nesse mesmo ano, em razão da Revolução Constitucionalista, no estado de São Paulo, a guarda civil metropolitana paulistana foi utilizada como força auxiliar do exército, sob o comando do Capitão Euclydes Zenóbio da Costa, a fim de conter os revoltosos.

De maio de 1935 a abril de 1936, Zenóbio, já ocupando a patente de tenente-coronel, assumiu o cargo de inspetor geral da Polícia Municipal do Rio de Janeiro, momento em que mandou elaborar as *Instruções policiais (para guardas rondantes)*, documento muito importante para os profissionais que efetuavam o policiamento ostensivo e preventivo na então capital brasileira.

Figura 1.2 – *Instruções policiais (para guardas rondantes)*, Rio de Janeiro, 1935

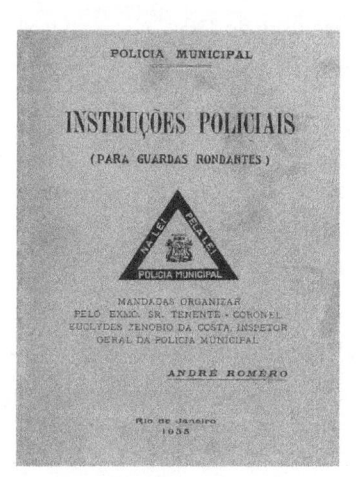

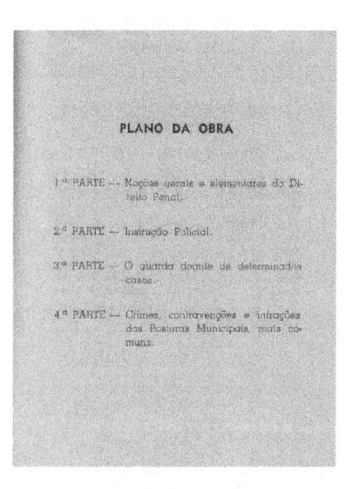

A partir de 1935, em decorrência da Constituição Federal de 1934, considerando que os municípios perderam sua autonomia e tornaram-se submissos aos estados-membros da nação algumas constituições estaduais começaram a tratar da manutenção da ordem pública como competência exclusiva dos estados, transferindo para os municípios a competência da fiscalização geral do trânsito.

Assim, no início do ano de 1935, os integrantes da Guarda Civil do Paraná, também conhecida como Guarda Cívica, que efetuavam a fiscalização de trânsito, foram transferidos do estado para o município de Curitiba, vindo a somar-se aos guardas municipais, agora com a denominação de *guardas fiscais*.

No Estado Novo, os estados e os municípios perderam suas respectivas autonomias, com a implantação do sistema totalitário no país. Com isso, a contribuição municipal referente à segurança pública, que até então era realizada pelas guardas municipais e pelas guardas civis, acabou restringida, chegando a ser extinta em alguns municípios, em razão de elas terem se tornado onerosas e obsoletas, uma vez que perderam sua principal função: a de manter a ordem pública. Assim, no estado do Paraná, em 1936, entrou em vigor a Lei Estadual n. 73, de 14 dezembro de 1936, e os serviços de segurança e de inspetoria de tráfego, realizados pelos agentes da Guarda Municipal de Curitiba, foram absorvidos pelo estado.

Em 1939, com o ingresso do Brasil na Segunda Guerra Mundial, em razão do completo desconhecimento sobre questões policiais e de tráfego viário, o exército brasileiro, na figura do General Zenóbio, procurou aproveitar a *expertise* da guarda civil de São Paulo, formando, assim, o núcleo original do Military Platoon Police, o MP, (Pelotão de Polícia Militar da Força Expedicionária Brasileira), composto por 44 guardas civis metropolitanos de São Paulo e por 22 militares do exército.

> *A Guarda Civil do Estado de São Paulo, habituada aos problemas de tráfego intenso na capital paulista, selecionou os 44 voluntários para completar o efetivo de 66 homens, entre aqueles de moral ilibada, de físico atlético e profissionalmente competentes no uso de armas de*

defesa pessoal e combate corpo a corpo, incluindo-se 10 homens com conhecimento das línguas alemã e italiana.
(Pinto Júnior; Monteiro, 1988, p. 27)

Com o término da Segunda Guerra Mundial, ao retornar para o Brasil, o corpo policial militar passou a ser denominado *polícia do exército.*

A união da formação militar disciplinada do General Zenóbio, associada às experiências como comandante de unidades policiais, seja na Revolução Constitucionalista, seja na polícia municipal do Rio de Janeiro, seja no pelotão de polícia militar durante a Segunda Guerra Mundial, deixou como legado o *código de honra do PE*, pautado no ensinamento do policiamento cidadão, que consiste nas seguintes regras, conforme Pinto Júnior e Monteiro (1988): ser honesto; amar a verdade; cumprir as ordens prontamente; usar a autoridade sem prepotência; proteger os presos sob sua guarda; comparecer a todo serviço, a qualquer custo.

Com a Constituição dos Estados Unidos do Brasil, as polícias dos estados, dos territórios e do Distrito Federal passaram a ser oficialmente denominadas *polícias militares*, "instituídas para a segurança interna e a manutenção da ordem" e "consideradas, como forças auxiliares, reservas do Exército" (Brasil, 1946, art. 183).

Seguindo essa previsão constitucional, o Estado do Paraná, por exemplo, publicou o Decreto-Lei n. 544, de 17 de dezembro de 1946, alterando a denominação da *Força Policial Estadual* para *Polícia Militar do Estado do Paraná.*

O município de Curitiba, por meio da Lei Ordinária n. 357, de 3 de outubro de 1951, reorganizou sua então guarda noturna, mudando sua denominação para Serviço de Vigilância Municipal de Curitiba, reconhecendo-o como um serviço de utilidade pública, que tinha como missão institucional a preservação da ordem pública, vindo a somar-se às forças de segurança estaduais.

Com o início do regime militar, entrou em vigor o Decreto-Lei n. 667, de 2 de julho de 1669 (Brasil, 1969c), que reorganizou as polícias militares e os corpos de bombeiros militares dos estados, dos territórios e do Distrito Federal.

A referida legislação regulamentou como função exclusiva das polícias militares a atividade de policiamento ostensivo, fardado, a fim de assegurar o cumprimento da lei e a manutenção da ordem pública, limitando, assim, a atuação dos municípios, o que consequentemente resultou na extinção das demais polícias fardadas, tais como as guardas municipais, as guardas civis, o corpo de fiscais do Departamento de Engenharia de Transportes (DET), os guardas rodoviários do Departamento de Estradas de Rodagem (DER) e os vigilantes municipais.

Assim, no Estado do Paraná, a Guarda Civil Metropolitana, órgão vinculado à Polícia Civil desde a sua criação no ano de 1911, passou a ficar diretamente subordinada à Polícia Militar e foi efetivamente extinta em 17 de julho de 1970.

A recriação da concepção de polícia cidadã foi um marco da história brasileira ocorrido em 5 de outubro de 1988, data em que foi promulgada a Constituição da República Federativa do Brasil (Brasil, 1988a). Estabeleceu-se assim uma nova era no direito brasileiro, por meio da implantação do regime democrático de direito, o qual excluiu por completo os resquícios do sistema ditatorial existente anteriormente.

A nova Constituição elevou os municípios à condição de entes federados, equiparando-os aos estados e ao Distrito Federal, reconhecendo sua importância para a nação. No aspecto da segurança pública, a Constituição outorgou que os municípios instalassem e mantivessem suas guardas municipais.

As leis federais que sucederam a Constituição de 1988 vieram por convalidar o texto constitucional, reconhecendo efetivamente os municípios como protagonistas da segurança pública das cidades, conforme a Lei n. 10.201, de 14 de fevereiro de 2001 (Brasil, 2001a), a Lei n. 13.675, de 11 de junho de 2018 (Brasil, 2018a), e as demais legislações que vamos estudar nos próximos capítulos.

Síntese

Neste capítulo, vimos que, no estudo dos últimos 200 anos de história da nossa nação, podemos perceber que, quando há uma mudança de regime ou de forma de governo, as agências de segurança pública são os primeiros órgãos públicos a sentirem o reflexo imediato.

Consequentemente, ocorre a perda da continuidade dos seus serviços e a alteração de sua forma da atuação, entre outras consequências naturais, o que, muitas vezes, acaba prejudicando a perpetuação de políticas de segurança já consagradas.

Questões para revisão

1) Quais foram os principais fatores que motivaram a criação das primeiras forças policiais no Brasil? Justifique.

2) O que motivou os estados-membros a alterar a denominação das suas polícias estaduais? Em que ano isso ocorreu?

3) Marque a alternativa que completa o sentido da frase:
   Os municípios retomaram a autonomia para constituir suas guardas municipais após _____.
   a. outorgada a Constituição de 1946.
   b. promulgada a Constituição de 1988.
   c. outorgada a Constituição de 1969.
   d. promulgada a Constituição de 1934.
   e. outorgada a Constituição de 1988.

4) Desde os primórdios, podemos constatar que é próprio da natureza humana o convívio em sociedade. Na Grécia Antiga, o filósofo Aristóteles já afirmava, em sua obra intitulada *Política* que "o homem é um ser gregário por natureza" (Aristóteles, 2008). Assinale a questão correta a respeito desse enunciado.
   a. Viver em sociedade corresponde à perda das características próprias do indivíduo em benefício da coletividade.
   b. Viver em sociedade significa que o ser humano perde sua característica de indivíduo e passa a adquirir a personalidade do estado.
   c. A sociedade sufoca o indivíduo e subtrai sua individualidade, limitando sua atuação perante a coletividade.
   d. A sociedade é um ente abstrato que incorpora em sua concepção todos os seres vivos.

5) Quanto ao conceito de *polícia cidadã*, podemos dizer que é uma forma de:
   a. aproximar o Estado do cidadão, vindo a dar uma resposta mais eficaz a seus anseios individuais.
   b. tratar os assuntos relacionados à segurança pública de maneira mais transparente para com a sociedade.
   c. investir o cidadão de bem com o poder de polícia, próprio do Estado.
   d. aproximar a polícia do cidadão e vice-versa, contribuindo de maneira significativa para o enfrentamento da violência e a diminuição da criminalidade.

Questão para reflexão

Conforme estudamos, tivemos diversas instituições policiais ao longo desses últimos dois séculos no Brasil, as quais tinham uma denominação e uma forma de atuação específicas, ora atuando segundo regras impostas por um poder centralizador, ora subordinando-se ao poder local. Disserte a respeito do principal motivo que faz que esse fato se repita de forma cíclica em uma nação.

Para saber mais

VIGILÂNCIA Municipal (1951). Produção: A. Moreira Pabst.
Brasil, 1951. 4min 50seg. Disponível em: <https://www.youtube.com/watch?v=ETrQ8IBNlrc&index=2&list=WL>. Acesso em: 24 mar. 2017.
Esse vídeo que trata da criação do corpo de Vigilância Municipal de Curitiba, no mandato do Prefeito Erasto Gaertner (1951-1953).

CARVALHO, C. F. de. O que você precisa saber sobre Guarda Municipal e nunca teve a quem perguntar. 3. ed. Curitiba: Clube do Autor, 2011.
O livro serve como um guia de apresentação da Guarda Municipal ao longo da história do Brasil, destacando sua criação, as legislações que a sustentam e as suas principais atribuições na garantia da segurança municipal.

Consultando a legislação

BRASIL. Constituição (1934). **Diário Oficial da União**, Rio de Janeiro, 16 jul. 1934. Disponível em: <http://www.planalto.gov.br/ccivil_03/Constituicao/Constituicao34.htm>. Acesso em: 31 jan. 2017.

BRASIL. Constituição (1946). **Diário Oficial da União**, Rio de Janeiro, 19 set. 1946. Disponível em: <http://www.planalto.gov.br/ccivil_03/Constituicao/Constituicao46.htm>. Acesso em: 31 jan. 2017.

BRASIL. Constituição (1988). **Diário Oficial da União**, Brasília, DF, 5 out. 1988. Disponível em: <http://www.planalto.gov.br/ccivil_03/Constituicao/Constituicao.htm>. Acesso em: 31 jan. 2017.

Sugerimos a leitura de três Constituições do Brasil promulgadas durante a República para que o leitor possa comparar por si mesmo as mudanças que aconteceram nas leis brasileiras sobretudo naquelas que envolvem a segurança pública e o papel das polícias.

II

Defesa social e segurança pública

Conteúdos do capítulo:

» Definição de *defesa social*.
» Conceituação de *segurança pública*.
» Distinção entre *função* e *denominação*.
» Dicotomia policial.
» Definição de policiamento ostensivo e preventivo.
» Princípios que regem o policiamento ostensivo e preventivo.
» Órgãos de segurança pública que atuam nos municípios.

Após o estudo deste capítulo, você será capaz de:

1. compreender o significado amplo de defesa social;
2. reconhecer a importância dos órgãos de segurança pública;
3. distinguir *função* e *denominação*;
4. perceber os aspectos que envolvem o patrulhamento preventivo;
5. identificar os órgãos de segurança pública que atuam nos municípios.

2.1 O que é defesa social?

Defesa social é um conjunto de ações promovidas pelo Poder Público, pela iniciativa privada e pela sociedade civil organizada, que visam não somente à prevenção de ilícitos penais e à garantia da manutenção do direito à dignidade humana, mas também e principalmente a um ambiente de segurança social. Essas ações, em sua essência, são flexíveis, pois acompanham o processo evolutivo da nação.

O legislador, de acordo com o desenvolvimento natural da sociedade, cria leis visando a defender o convívio harmonioso em grupo. Para tanto, determinadas condutas que não são mais aceitas pela sociedade são tipificadas como infração penal.

Conforme nos ensina o professor Luiz do Amaral:

> *O Direito Penal, é então, parte da política social; o crime está na sociedade, o homem apenas o revela. A eficácia do Direito Penal e da polícia em geral no controle da criminalidade é apenas de relativa importância. A prevenção prevalece sobre a repressão.*
>
> *A criminalidade não se resolve no contexto restrito do Direito Penal, mas sim, num programa de ampla defesa social, isto é, numa política social que envolva o punir (quando útil e justo) e o tratamento ressocializante do criminoso e do foco social de onde emerge.* (Amaral, 2003, p. 25)

Não podemos esquecer que um sistema de defesa social abrange segurança pública, defesa civil, trânsito, entre outras ações sociais e governamentais do Poder Público, as quais, na maioria vezes, têm caráter preventivo, minimizando as possíveis incidências de caráter penal e social.

Convém também ressaltar que as situações envolvendo a esfera penal costumam equivaler em média a 5% (cinco por cento) do atendimento realizado pelo profissional de segurança pública, que efetua o policiamento preventivo, as outras 95% (noventa e cinco por cento) das ocorrências atendidas são em regra de caráter social, por meio das mais variadas ações.

Atualmente, deparamo-nos frequentemente com expressão novíssima defesa social, que surgiu com a finalidade de, justamente, diferenciar o antigo conceito de defesa social, o qual se limitava às ações de caráter penal, em relação ao crime e à proteção social, por meio das medidas punitivas e ressocializantes.

O novo conceito de defesa social adquiriu uma visão mais abrangente, englobando as ações de proteção e prevenção social. Assim, um sistema efetivo de defesa social tem a finalidade de combater as vertentes que geram a insegurança pública e a instabilidade social, ocasionadas por diversas razões. Entre tais razões, destacamos três que acreditamos merecerem atenção especial: (1) exclusão social; (2) criminalidade e (3) desastres.

Nesse sentido, a defesa social busca minimizar ou extinguir os fatores que geram a **exclusão social**; manter o controle social, a fim de implantar medidas não só coercitivas, mas também, e em especial, preventivas que possam reduzir a **criminalidade**, tratando, sempre que possível, tanto a vítima quanto o agressor; e criar medidas preventivas e corretivas em relação aos **desastres** naturais e provenientes da ação humana, seja por culpa, seja por dolo.

Cabe ressaltar que, em determinados grupos sociais e regiões, teremos outros fatores que necessitarão de atenção redobrada por parte do poder público, como movimentos sociais, pandemia, grandes eventos, organizações criminosas etc.

Em regra, o conceito de defesa social moderna tem como princípio basilar os mais variados riscos que afetam a sociedade, não se limitando apenas e exclusivamente ao aspecto criminal, mas sim a fatores que podem contribuir de maneira direta ou indireta para o aumento da criminalidade e da insegurança pública.

Seguindo esse entendimento, a aplicação das ações de defesa social é modesta e gradual, e os órgãos governamentais procuram implementá-las de modo interdisciplinar, colocando-as em prática, sempre que possível e com as devidas adaptações, com base nas cinco ações globais de defesa civil definidas mundialmente: (1) prevenção, (2) mitigação, (3) preparação, (4) resposta e (5) recuperação.

Como exemplo, podemos citar o Plano Tático Integrado de Segurança, elaborado exclusivamente para atender ao evento da Copa do Mundo 2014, sediada no Brasil. Esse documento foi posto em prática pelo Ministério da Justiça, por intermédio da Secretaria Extraordinária de Segurança para Grandes Eventos (Sesge), tendo como finalidade estabelecer premissas, princípios, objetivos, estratégias, ações e atividades de segurança necessárias à realização dos eventos da competição em um ambiente pacífico e seguro. Em verdade, esse manual contém em seu bojo várias ações de defesa social, algumas com foco na segurança pública.

Seguindo essas premissas e cônscias de que a prevenção é a melhor medida a ser adotada, já que minimiza ações de repressão, todas as agências de segurança pública, soberania nacional e demais integrantes estratégicos, de maneira integrada e respeitando suas atribuições constitucionais, colocaram em prática as diretrizes estabelecidas no referido documento. Por isso, houve resultado positivo, uma vez que não tivemos nenhum registro de anormalidade ou falha na execução dos trabalhos, mesmo com o país enfrentando, na ocasião, um momento de crise financeira e grandes manifestações públicas em todos os estados da federação.

Em síntese, podemos concluir que *defesa social* é um amplo sistema de ações tanto interdisciplinares quanto multidisciplinares que podem envolver articulações entre o poder público, a iniciativa privada e a sociedade civil organizada, excetuando-se ações de competência exclusiva dos órgãos governamentais. Tem como finalidade a manutenção da ordem pública e da incolumidade das pessoas e do patrimônio e o desenvolvimento de medidas voltadas ao bem comum, visando à vida em sociedade com mais equilíbrio, equidade, harmonia e ordem. Nessa vertente, temos as atividades de segurança pública como ramos da defesa social.

É sabido que que o espaço vazio e desocupado é um dos fatores que contribui com a insegurança de determinada localidade. Essa insegurança aumenta justamente pelos pequenos danos e, em especial, pelas pichações no espaço, sendo indícios de falta de atenção do poder público, do proprietário e dos usuários do local. A fim de ilustrar e sair do campo abstrato, podemos citar o exemplo da campanha de combate à pichação realizada pela prefeitura da cidade de Curitiba em parceria com a Associação Comercial do Paraná, a Vara de Adolescentes em Conflito com a Lei e a Promotoria de Adolescentes em Conflito com a Lei da Comarca de Curitiba.

Inicialmente, a Associação Comercial do Paraná e a prefeitura Municipal de Curitiba divulgaram os canais de comunicação e orientaram a população a como agir ao constatar a venda de *spray* a menores de idade e ao presenciar a prática de pichação. O telefone da central da Guarda Municipal de Curitiba, o 153, também foi amplamente divulgado e vinculado ao combate da pichação.

Dessa forma, quando um cidadão identificava um dos delitos anteriormente citados sendo desenvolvido, acionava imediatamente a Guarda Municipal, que, por sua vez, encaminhava suas viaturas de área e realizava a detenção ou a prisão do infrator. Na abordagem, o profissional da segurança pública registrava o local danificado ou de venda e os elementos comprobatórios por meio de fotografia e, de imediato, aplicava multa administrativa, com valor majorado caso o crime fosse contra equipamento público. Essa multa administrativa é vinculada ao CPF do infrator ou, em caso de adolescentes, ao de seu representante legal. Na esfera penal, o encaminhamento realizado rotineiramente pela autoridade policial competente é à

Delegacia de Proteção ao Meio Ambiente, em caso de adulto infrator, e à Delegacia do Adolescente, em caso de adolescente infrator.

Nesse contexto, as punições administrativas passaram a ter valor corretivo e significativo, impossibilitando o infrator, inclusive, de prestar concurso público – isso na esfera administrativa. Já na aplicação da lei penal, todo o adolescente autuado cometendo o ato infracional tipificado como pichação ou conspurcação foi encaminhado em juízo, sendo aplicada a medida socioeducativa de participar, juntamente com pai, mãe ou responsável, de uma palestra proferida por profissionais da guarda municipal sobre direitos, deveres e obrigação, com ênfase na reparação do dano e seus reflexos nas áreas penal, civil e administrativa. Por fim, os adolescentes, após a medida socioeducativa, eram convidados a participar de uma campanha de "despiche".

Uma ação de defesa social, portanto, envolve diversos setores. Curiosamente, embora o foco seja a prevenção e o combate a determinado crime, concomitantemente, os demais crimes deixam de ocorrer, pois a integração de vários setores, a certeza de punição ao infrator e a confiança que a população adquire são os verdadeiros segredos para o sucesso.

2.2   O que é segurança pública?

Segundo o professor De Plácido e Silva, segurança pública: "É o afastamento, por meio de organizações próprias, de todo perigo ou de todo mal que possa afetar a ordem pública, em prejuízo da vida, da liberdade ou dos direitos de propriedade de cada cidadão"(De Plácido e Silva, 1975, p. 1417).

Considerando a Constituição de 1988 (Brasil, 1988), que compartilhou a responsabilidade pela segurança pública com todos, faz-se necessário ampliar o sentido outrora limitado sobre segurança pública. Eis o que está disposto no art. 144 da constituição: "A segurança pública, **dever do Estado**, direito e **responsabilidade de todos**, é exercida para a preservação da ordem pública e da incolumidade das pessoas e do patrimônio [...] (Brasil, 1988a, grifo nosso)".

O conceito de *segurança pública*, hoje deve ser divido em duas correntes: uma que trata sobre o **dever do Estado**, e outra que se refere à **responsabilidade de todos**. Assim, teremos um conceito moderno e em harmonia com a legislação vigente. Vejamos como pode ser definida a *segurança pública* sob a ótica do texto constitucional de 1988:

> Segurança pública: é o exercício do direito à cidadania realizado pelas pessoas, buscando a diminuição dos riscos e o aumento da segurança individual e coletiva. Compete ao Poder Público, por meio de suas instituições policiais, a preservação da ordem pública e da incolumidade das pessoas e do patrimônio.

Assim, podemos concluir que a segurança pública é uma atividade pertinente aos órgãos estatais e à comunidade como um todo realizada com o propósito de proteger a sociedade, prevenindo e controlando manifestações de criminalidade e de violência, efetivas ou potenciais, e garantindo o exercício pleno da cidadania nos limites da lei.

Vencida essa etapa da definição moderna de segurança pública, podemos prosseguir com a sistematização de seus órgãos executores, os quais estão inseridos no art. 144 da Constituição Federal e na Lei n. 13.675, de 11 de junho de 2018 (Brasil, 2018a), que instituiu o Sistema Único de Segurança Pública (Susp).

Dessa feita, passamos a ter uma maior integração das forças de segurança pública, em que encontramos, além dos órgãos explicitados no *caput* do art. 144 da Constituição Federal como integrantes do

Susp, os agentes penitenciários, as guardas municipais e os demais componentes estratégicos e operacionais passando a integrar o rol de órgãos públicos, conforme estudaremos no Capítulo 6.

2.3 Fundamentos do policiamento

Ao analisarmos a origem do verbo *policiar*, verificamos que ele deriva do substantivo *polícia* e que, entre outros significados, exprime a ação de civilizar algo (um grupo, por exemplo) ou alguém (Houaiss; Villar; Franco, 2009).

O termo *polícia*, por sua vez, advém da palavra grega que designa cidade, *pólis*, a mesma palavra que está na origem de *política*. Dessa maneira, esses termos surgiram com o sentido de algo relacionado à "'qualidade e direitos de cidadão, vida de cidadão; [...] vida e administração de homem de Estado'; em sentido coletivo 'medidas de governo; [...] governo dos cidadãos por eles próprios [...]'" (Houaiss; Villar; Franco, 2009).

Um dos mais antigos registros do uso desses termos relacionado à segurança pública data do ano de 1791, na França, quando, por meio de legislação própria, foi criada uma **força policial** dividida em duas esferas de atuação: uma voltada para as ações de policiamento preventivo – a **polícia administrativa** –, e a outra voltada para o auxílio ao poder judiciário, por meio da instauração de inquéritos e investigação dos atos criminosos – a **polícia judiciária**.

Uma divisão semelhante a essa já havia ocorrido em algumas civilizações da Antiguidade, como em Roma, onde foi ela foi implantada em razão da natureza e da forma de atuação das organizações responsáveis pela segurança: a civil (*Civita*) e a militar (*Militare*).

> "Civita ⇒ Civil ⇒ derivação de cidade ⇒ cives ⇒ moradores da cidade.
> Militare ⇒ Militar ⇒ combatente na guerra ⇒ moravam fora do limite das cidades." (Carvalho, 2011b, p. XVIII)

2.4 Função *versus* denominação

No Brasil, em razão das constantes crises políticas experimentadas ao longo do século XX, em especial após o regime militar, passou-se a confundir o significado do termo *polícia* referente à função com o significado referente à denominação – o primeiro relaciona-se à atividade da pessoa que exerce a função de polícia e o segundo, à corporação policial como um todo, sendo este o significado mais usual, atualmente. Isso obrigou, na metade do século passado, as instituições policiais que mantinham as denominações de *guarda* a utilizar o termo *polícia* em seus distintivos, emblemas e viaturas.

De maneira didática, vamos definir o termo *polícia* relacionado à **função** seguindo a divisão estabelecida pelo ordenamento jurídico francês, o qual passou a ser adotado no Brasil, como estudamos no capítulo anterior.

Quadro 2.1 – Polícia – função

Polícia	Função	
	preventiva	repressiva
Administrativa	+	–
Judiciária	–	+

Podemos observar que a instituição policial que atua na função administrativa, quando realiza o patrulhamento uniformizado ou fardado, passa a ter uma atividade com maior ênfase na prevenção e com menor incidência de repressão. Com o policiamento uniformizado ou fardado, há uma atuação visível do agente público, ou seja, é realizado o patrulhamento ostensivo, sinônimo de atuação preventiva.

De forma inversamente proporcional, há, na função de polícia judiciária, a atividade de investigação cada atribuição principal é auxiliar a persecução criminal, executando, assim, uma atividade de caráter repressivo, inexistindo, na sua essência, uma ação de prevenção.

Após definir efetivamente a função policial, passamos a visualizar com mais clareza a figura seguinte:

Figura 2.1 – Diferença entre função *e* denominação *do termo* polícia

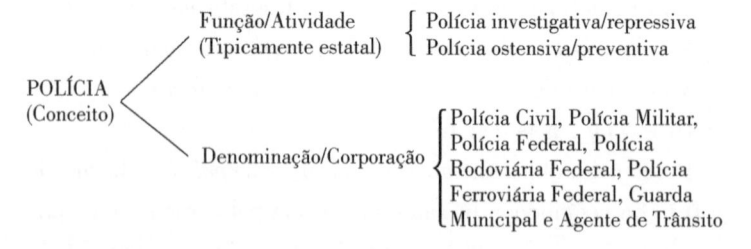

POLÍCIA (Conceito)
- Função/Atividade (Tipicamente estatal)
  - Polícia investigativa/repressiva
  - Polícia ostensiva/preventiva
- Denominação/Corporação
  - Polícia Civil, Polícia Militar, Polícia Federal, Polícia Rodoviária Federal, Polícia Ferroviária Federal, Guarda Municipal e Agente de Trânsito

Podemos, assim, definir *polícia* como: atividade exercida pelo Poder Executivo, desenvolvida pela União, pelos estados, pelo Distrito Federal e pelos municípios, que visa a proporcionar a garantia da propriedade, dos direitos fundamentais da pessoa e do convívio harmonioso em sociedade. Para tanto, executa a função de **polícia judiciária**, na fase investigatória – exceto os munícipios –, a fim de identificar a materialidade delitiva e a possível autoria quando da existência da prática delituosa; e a função de **polícia administrativa**, por meio do policiamento ostensivo e preventivo, uniformizado ou fardado (polícia e brigada militar), em logradouros, rios, mares, estradas, ruas, parques, bosques e demais bens e instalações públicos.

Vejamos qual é o conceito técnico do termo *polícia* nas palavras de Leib Soibelman: "Serviço do Estado, encarregado de manter a ordem pública. Em sentido clássico era sinônimo de política e de república, e em sentido amplo significa o governo de um Estado. O poder de polícia se exerce através de várias espécies de polícia" (Soibelman, 1994, p. 277).

Portanto, podemos conceituar como *espécies de polícia* ou *órgãos policiais* as instituições públicas que exercem a atividade de polícia judiciária ou de polícia administrativa, tanto na União quanto nos estados, no Distrito Federal e nos municípios: Polícia Federal, Polícia Rodoviária Federal, Polícia Ferroviária Federal, Polícia Civil, Polícia Militar, Guarda Municipal e Agente de Trânsito.

2.5 Dicotomia policial

No Brasil, há uma dicotomia policial devido à divisão do poder de polícia na área da segurança pública, pela qual há uma polícia de prevenção e outra que atua na repressão e na investigação.

Em alguns países da Europa, da América do Sul e da América do Norte, o modelo adotado é o chamado *ciclo completo de polícia*, o qual se caracteriza pela atuação dos órgãos policiais de forma plena, tanto na prevenção quanto na repressão e na investigação.

Esse modelo de distribuição da função policial, antagônico à dicotomia policial existente no Brasil, acaba sendo muito mais eficaz, pois diminui o risco da redundância ou da sobreposição de funções – em especial, quando nos referimos ao conceito de *repressão*, que muitas vezes acaba confundido entre as instituições –, além de se mostrar mais produtivo e econômico sob o ponto de vista operacional.

Outro fator importante em relação ao ciclo completo é que ele diminui a relação de interdependência dos órgãos, permitindo que o profissional que iniciou a ocorrência possa concluí-la de forma plena e contínua, sem que haja conflito institucional com demais órgãos que atuam na área. Como exemplo, podemos citar, entre diversos países, os Estados Unidos, onde existem mais de 18 mil agências policiais que atuam de forma plena por meio do ciclo completo, muitas vezes no mesmo território, sem que existam tantos conflitos institucionais, quando comparado à aplicação da divisão policial existente no ordenamento brasileiro.

Atualmente, no que se refere à dicotomia policial, podemos afirmar que, além do Brasil, nos continentes acima citados, somente a República de Cabo Verde e a República da Guiné-Bissau ainda adotam o modelo que mantém a divisão da atuação das forças policiais.

2.6 Policiamento ostensivo e preventivo

Para estudarmos o tema *policiamento ostensivo e preventivo*, faz-se necessária a definição de cada parte dessa atividade, a saber: o policiamento *ostensivo* e o policiamento *preventivo*.

Os dois conceitos foram atualizados quando da promulgação da Constituição de 1988, que trouxe mudanças significativas para a estruturação e a ação das instituições policiais no Brasil.

Anteriormente à Carta Constitucional de 1988, estava em vigor o Decreto-Lei n. 667, de 2 de julho de 1969, cujo art. 3º, alínea "a", outorgava com exclusividade o policiamento ostensivo para as polícias militares. Assim, ainda inexistia o termo *preventivo* para qualificar a ação policial.

> Art. 3º Instituídas para a manutenção da ordem pública e segurança interna nos Estados, nos Territórios e no Distrito Federal, compete às Polícias Militares, no âmbito de suas respectivas jurisdições:
> a) **executar com exclusividade**, ressalvas as missões peculiares das Forças Armadas, **o policiamento ostensivo, fardado**, planejado pela autoridade competente, a fim de assegurar o cumprimento da lei, a manutenção da ordem pública e o exercício dos poderes constituídos. (Brasil, 1969c, grifo nosso)

Com a nova Constituição, o referido texto legal foi tacitamente revogado, uma vez que se encontrava em contradição e em desarmonia com o art. 144 da nova Carta Magna.

Assim, houve uma evolução no conceito de *polícia ostensiva* e, consequentemente, do policiamento ostensivo, que pressupõe o exercício do poder de polícia *lato sensu*, não mais limitado a uma instituição e com uma única missão em específico: a manutenção da ordem pública e da segurança interna nos estados.

De acordo com Soibelman, **polícia ostensiva**, "é a que age de uma forma visível pelo público. Opõe-se à polícia secreta [...] é a que obtém resultados preventivos pela simples ação da [sua] presença" (Soibelman, 1994, p. 278).

O policiamento preventivo era completamente ignorado em nosso ordenamento jurídico. O policiamento era mais direcionado à repressão, "a fim de assegurar o cumprimento da lei, a manutenção da ordem pública e o exercício dos poderes constituídos" (Brasil, 1969c).

Para Soibelman, a **polícia preventiva** refere-se a: "Medidas adotadas pela administração pública para prevenir comprometimento da segurança, higiene, moralidade ou economia pública" (Soibelman, 1994, p. 278).

O conceito de *polícia preventiva* tem sua origem no período ditatorial, quando a prevenção era considerada apenas como um conjunto de medidas adotadas pela administração pública, excluídos os órgãos responsáveis pela segurança pública e pela incolumidade física do cidadão.

No entanto, o que vem a ser "prevenir comprometimento da segurança"? Em outras palavras: o que significa **polícia de segurança?**

Para Soibelman (1994, p. 278), a polícia de segurança "é a que protege o ordenamento jurídico e a integridade do Estado. Órgão encarregado da proteção da ordem política e social. Função administrativa destinada a proteger a segurança e tranquilidade públicas. Polícia preventiva e administrativa".

Assim, concluímos que a Constituição de 1988 conferiu às instituições policiais atribuições mais claras, incluindo a efetivação da função de policiamento ostensivo e preventivo, que não fazia parte do nosso ordenamento jurídico.

Atualmente, o policiamento preventivo é uma de nossas maiores garantias para a diminuição ou para o controle da criminalidade em determinadas regiões. Portanto, o governo deve assumir cada vez mais essa função, inerente ao poder estatal e que cabe aos órgãos de segurança pública.

O policiamento ostensivo e preventivo é realizado pelo profissional da segurança pública que

> *isoladamente ou em grupo, executa o patrulhamento fardado e/ou uniformizado, equipado de armamento mais ou menos letal, estando a pé, a cavalo, em veículo de tração animal ou veículo de tração mecânica, em aeronave ou embarcação fluvial, que procura durante o deslocamento estar atento a todas as situações adversas da normalidade, onde quer que esteja executando as suas atividades laborais.* (Carvalho, 2012a, p. 19)

Assim, a capacidade de ser visto como profissional da segurança pública e reconhecido como tal é a principal característica do policiamento ostensivo e preventivo: seu potencial de dissuasão decorre justamente dessa ostensividade.

A redução do índice de criminalidade de um local está diretamente relacionada à atuação do profissional da segurança pública, pois sua presença fardada ou uniformizada, por si só, reflete na diminuição do estímulo do pretenso infrator.

Assim, ao contrário do que se costuma crer, um número elevado de prisões em flagrante realizadas pelo policiamento ostensivo não revela, necessariamente, eficiência, mas demonstra que os agressores estão agindo livremente, a despeito da presença do profissional da segurança pública, ou que esse profissional não está tão presente quanto se espera, permitindo que agressores entrem em ação sem receio.

2.6.1 Princípios que regem o policiamento ostensivo e preventivo

O policiamento ostensivo e preventivo, um conceito novo e moderno, tem sua origem e seus princípios amparados no art. 144 da Constituição de 1988. Vejamos:

> Art. 144. A segurança pública, dever do Estado, direito e responsabilidade de todos, é exercida para a preservação da ordem pública e da incolumidade das pessoas e do patrimônio, através dos seguintes órgãos:
>
> I – polícia federal;
> II – polícia rodoviária federal;
> III – polícia ferroviária federal;
> IV – polícias civis;
> V – polícias militares e corpos de bombeiros militares.

> [...]
>
> § 8º – Os Municípios poderão constituir guardas municipais destinadas à proteção de seus bens, serviços e instalações, conforme dispuser a lei
>
> [...]
>
> § 10. A segurança viária, exercida para a preservação da ordem pública e da incolumidade das pessoas e do seu patrimônio nas vias públicas:
>
> [...]
>
> II – compete, no âmbito dos Estados, do Distrito Federal e dos Municípios, aos respectivos órgãos ou entidades executivos e seus agentes de trânsito, estruturados em Carreira, na forma da lei. (Brasil, 1988a)

Portanto, o policiamento ostensivo e preventivo é composto pelas ações de fiscalização da polícia sobre a matéria da segurança pública. Em outras palavras, é o modo de execução do poder de polícia, que, conforme esclarece Maria Silvia Zanella Di Pietro, "é a atividade do Estado consistente em limitar o exercício dos direitos individuais em benefício do interesse público" (Di Pietro, 2001, p. 110) e o "Policiamento Ostensivo objetiva, precipuamente, satisfazer as necessidades básicas de segurança pública inerentes a qualquer comunidade ou a qualquer cidadão" (Carvalho, 2012b).

O policiamento ostensivo, portanto, tem como função fundamental a prevenção dos crimes, das contravenções penais e das violações de normas administrativas em áreas específicas, como o trânsito, o meio ambiente e as posturas municipais. Trata-se de medidas preventivas de segurança, a fim de evitar a prática de delitos e de violações de norma, com o objetivo principal eliminar ou dificultar a possibilidade de delinquência.

> *O policiamento ostensivo é um serviço indispensável e que desempenha um papel de suma importância na*

consecução dos objetivos finais da polícia; é a única forma de serviço policial que diretamente trata de eliminar a oportunidade do mau comportamento e reprime o desejo de delinquir, destruindo as expectativas e influências negativas por parte do possível delinquente.
(Carvalho, 2012a, p. 25)

2.7 Órgãos de segurança pública que atuam nos municípios

Encontramos, no art. 144 da Constituição de 1988, a descrição dos órgãos de segurança pública e de suas respectivas atribuições. De maneira resumida, vamos tratar agora das instituições que atuam nos municípios e de suas funções constitucionais.

Sobre o policiamento investigativo judiciário, temos, no inciso I, a **Polícia Federal** e, no inciso IV, a **Polícia Civil**.

A Polícia Federal tem as suas atribuições especificadas no parágrafo 1º do referido texto constitucional, tendo como missão principal apurar infrações penais contra a ordem política, social ou em detrimento da União, bem como as infrações com repercussão interestadual ou internacional. É de sua responsabilidade, ainda, prevenir e reprimir o tráfico, o contrabando e o descaminho, exercer as funções de polícia marítima, aeroportuária e de fronteiras e, com exclusividade, as funções de polícia judiciária da União (Brasil, 1988a).

A Polícia Civil dos estados e do Distrito Federal tem como missão cumprir as funções de polícia judiciária e apurar infrações penais, exceto as militares (Brasil, 1988a).

Com relação ao policiamento ostensivo e preventivo, há, no inciso II do art. 144 da Constituição, a **Polícia Rodoviária Federal**; no inciso III, a **Polícia Ferroviária Federal**; no inciso V, as **polícias** militares; no parágrafo 8º, as **guardas municipais**; no parágrafo 10, inciso II, os **agentes de trânsito** (Brasil, 1988a).

A atividade desenvolvida pela Polícia Rodoviária Federal, conforme o texto constitucional, é a de exercer o "patrulhamento **ostensivo** das rodovias federais" (Brasil, 1988a, art. 144, § 2º, grifo nosso). A centenária Polícia Ferroviária Federal, muito embora esteja quase em extinção em razão da privatização de grande parte das ferrovias federais, ainda tem como atribuição exercer o patrulhamento **ostensivo** das ferrovias federais (Brasil, 1988a). Contudo, cabe ressaltar que, com a entrada em vigor da lei que instituiu o Susp, a Polícia Ferroviária Federal não o integrou, em razão do veto ao inciso III do artigo 9º, § 2º, do projeto de lei, mesmo estando prevista no texto constitucional.

As polícias militares dos estados e do Distrito Federal e a Brigada Militar do estado do Rio Grande do Sul têm como atribuição o policiamento **ostensivo** e a preservação da ordem pública (Brasil, 1988a).

As guardas municipais e as guardas civis municipais estavam inicialmente inseridas na Constituição como uma faculdade dos municípios, que podiam optar ou não pela sua criação. Destinam-se à proteção de bens, serviços e instalações dos municípios (Brasil, 1988a). Essa previsão não limita a atuação das guardas municipais, mas permite o direcionamento de suas atribuições, possibilitando a aplicação do seu quadro de profissionais na segurança das cidades e, em especial, na proteção dos munícipes.

Visando a regulamentar o texto constitucional, em 8 de agosto de 2014, entrou em vigor a Lei n. 13.022, definindo como competência das guardas municipais a função de proteção municipal preventiva, por meio do patrulhamento preventivo nas cidades (Brasil, 2014b).

O agente de trânsito, previsto no parágrafo 10, do art. 144 da Constituição, tem como competência a segurança viária, que deve ser "exercida para a preservação da ordem pública e da incolumidade das pessoas e do seu patrimônio nas vias públicas" (Brasil, 1988a). Com a entrada em vigor da Lei n. 13.675/2018, a Polícia Penal (agentes penitenciários) e a Guarda Portuária passaram a compor o Susp.

Síntese

Neste capítulo, abordamos o conceito de *defesa social* e vimos qual é a sua amplitude e onde está inserida a segurança pública nesse contexto.

Com relação ao sistema de segurança pública, identificamos com mais clareza quais são os agentes que fazem parte dela e que operam no município, bem como a quais poderes e a quais esferas públicas eles estão subordinados. Ao final, estudamos o policiamento ostensivo e preventivo e os princípios que o regem.

Questões para revisão

1) Defina *segurança pública*.

2) Complete a frase:
   A atividade da polícia administrativa, em regra, é mais _____ e menos _____; a atividade da polícia judiciária, por sua vez, é mais _____ e menos _____.

3) Quais são as instituições mencionadas na Constituição de 1988 que atuam nos municípios?

4) Conceitue *polícia ostensiva*.

5) O que você entende da frase: *Segurança pública não é só coisa de polícia?* Qual é a relação dessa expressão com o conceito de *defesa social?*

6) Com relação à atuação do agente de trânsito, prevista no parágrafo 10, do art. 144 da Constituição, o que você entende quando o texto constitucional delega a este servidor público a competência da segurança viária, que deve ser "exercida para a preservação da ordem pública e da incolumidade das pessoas e de seu patrimônio nas vias públicas" (Brasil, 1988a)?

Questão para reflexão

Por que é tão difícil compreender efetivamente o que é segurança pública? Em contrapartida, por que é fácil compreender o que é segurança privada?

Para saber mais

POLÍCIA Militar do Estado de São Paulo. **Manual básico de policiamento ostensivo da Policia Militar.** 3. ed. São Paulo: CSM/Mint, 1997. Disponível em: <http://docplayer.com.br/445812-M-14-pm-policia-militar-do-estado-de-sao-paulo-manual-basico-de-policiamento-ostensivo-policia-militar-3a-edicao-setor-grafico-do-csm-mint.html>. Acesso em: 27 mar. 2017.

O manual elaborado pela Polícia Militar do Estado de São Paulo traz informações detalhadas sobre a estrutura dessa instituição.

Consultando a legislação

BRASIL. Decreto-Lei n. 667, de 2 de julho de 1969. **Diário Oficial da União**, Poder Executivo, Brasília, DF, 3 jul. 1969. Disponível em: <http://www.planalto.gov.br/ccivil_03/decreto-lei/Del0667.htm>. Acesso em: 27 mar. 2017.

O Decreto-Lei definiu as regras de reorganização das Polícias Militares e dos Corpos de Bombeiros Militares dos estados e do Distrito Federal.

III

O município como entidade federativa

Conteúdos do capítulo:

» Autonomia municipal.
» Ente federado.
» Competência comum.
» Competência exclusiva dos municípios.
» Competência concorrente.
» Lei orgânica do município.

Após o estudo deste capítulo, você será capaz de:

1. compreender a autonomia municipal e a sua evolução histórica;
2. discriminar os tipos de autonomia dos entes federados.
3. perceber a diferença entre estado-membro e estado federado;
4. identificar na Constituição Federal as competências: comum, exclusiva e concorrente;
5. reconhecer a hierarquia das leis;
6. entender o significado de *interesse local* e sua aplicação.

3.1 Autonomia municipal

No Brasil, como observamos no Capítulo 1, os municípios sempre sofreram de maneira especial as oscilações do sistema de governo vigente no país. Em determinados momentos da história, os municípios foram detentores de algumas prerrogativas, em outros, por sua vez, já não tinham mais essas incumbências.

No Brasil Colônia, a expansão do processo de municipalização ficou limitada pela ideia de centralização por parte das capitanias, porém não deixou de se tratar de um período áureo, em que os municípios tiveram importância fundamental na organização política que se iniciava.

No período imperial, muito embora a Constituição de 1824 (Brasil, 1824) sinalizasse um avanço efetivo para os municípios, em especial em relação à gestão das funções municipais – autorizando a edição das suas posturas policiais, entre outras prerrogativas –, com a publicação da Lei de 1º de outubro de 1828 (Brasil, 1828), os municípios sofreram um retrocesso no tocante à sua autonomia política, limitando-se a uma simples divisão territorial nas províncias.

Com a Proclamação da República e a Constituição de 1891 (Brasil, 1891), essa condição piorou, pois a supressão da autonomia dos municípios passou a atingir também as questões administrativas e financeiras. Essa situação se estendeu por mais de quatro décadas, durante as quais os municípios não tinham recurso, liberdade nem progresso.

Podemos afirmar que a Constituição de 1934 (Brasil, 1934), em relação aos municípios, foi completamente oposta à anterior, pois, com os sentimentos sociodemocráticos aflorando na nação, houve um avanço significativo, e os municípios voltaram a ter "autonomia em tudo quanto respeite ao peculiar interesse" (Brasil, 1934), conquistando a liberdade financeira e administrativa na organização dos seus serviços, além da autonomia na eletividade do chefe do executivo municipal e dos vereadores.

Em 1937, com o golpe ditatorial do Estado Novo, o Brasil passou a viver um período de intervenção nos estados e nos municípios, ficando as ações de governo concentradas no Poder Executivo. Os governadores dos estados indicavam os prefeitos, e as decisões dos municípios eram controladas pelo Conselho Administrativo estadual. Nesse período, o retrocesso foi muito significativo, uma vez que o país não teve prefeitos eleitos e os vereadores, muito embora eleitos, não tinham muita atuação, em razão da existência de um conselho superior que decidia sobre a gestão das cidades de forma interventorial. Em síntese, os municípios perderam toda e qualquer forma de autonomia.

Após o período do Estado Novo, com a Constituição de 1946, a nação brasileira voltou a se inspirar nos movimentos mundiais da democracia e passou a contar com uma constituição mais moderna, atualizada e voltada em especial à distribuição dos poderes de forma equitativa e equilibrada e à descentralização da administração pública, dividida entre a União, os estados-membros e os municípios, reconstituindo e preservando a autonomia política, administrativa e financeira tanto dos estados quanto dos municípios.

Com a Constituição de 1967 (Brasil, 1967) e a Emenda Constitucional de 1969 (Brasil, 1969a), o regime federativo e a autonomia das três entidades estatais foram mantidos, mas os municípios tiveram sua autonomia no tríplice plano político limitada aos poucos com as emendas constitucionais, ainda que essa autonomia estivesse prevista na Constituição.

3.2 Ente federado

Com a Constituição de 1988, os municípios resgataram sua autonomia e foram elevados, nas palavras de Hely Lopes Meirelles (2006, p. 42), ao *status* de "entidade de terceiro grau" ou, de forma mais clara, **ente federativo**, ocupando função de destaque, ao lado da União, dos estados e do Distrito Federal.

> Art. 1º A República Federativa do Brasil, formada pela união indissolúvel dos Estados e Municípios e do Distrito Federal, constitui-se em Estado Democrático de Direito e tem como fundamentos:
>
> I – a soberania;
> II – a cidadania
> III – a dignidade da pessoa humana;
> IV – os valores sociais do trabalho e da livre iniciativa;
> V – o pluralismo político.
>
> Parágrafo único. Todo o poder emana do povo, que o exerce por meio de representantes eleitos ou diretamente, nos termos desta Constituição. (Brasil, 1988a)

Essa condição é cláusula pétrea, ou seja, por mais que a Constituição sofra alterações por meio de emendas constitucionais, essas alterações não podem ferir a forma federativa de Estado (art. 60, parágrafo 4º). Assim, podemos afirmar que os municípios gozam de uma autonomia perene, ou seja, inalterável.

Em relação à organização político-administrativa da nação, a União, os estados, o Distrito Federal e os municípios compõem a República Federativa do Brasil e devem atuar de forma integrada para gerir efetivamente os interesses da população, em que pesem as competências exclusivas, privativas, concorrentes, remanescentes, residuais, cumulativas, suplementares e comuns dos entes federados.

> Art. 18. A organização político-administrativa da República Federativa do Brasil compreende a União, os Estados, o Distrito Federal e os **Municípios**, todos autônomos, nos termos desta Constituição. (Brasil, 1988a, grifo nosso)

Visando a manter o *status* ora alcançado pelos municípios, foram inseridos mecanismos de defesa na Constituição, guarnecendo a autonomia municipal contra uma possível interferência praticada pelos estados, consignando assim a previsão legal da possibilidade de intervenção federal caso seja necessário manter ou restaurar a autonomia de determinado município.

3.3 Competência comum dos entes federados

Mantendo o espírito de autonomia dos entes federados, encontramos enumerado na Constituição Federal, em seu art. 23, um rol de atividades tidas como aplicáveis a todos os entes federados, denominado de *competência administrativa comum*.

Tais atribuições comuns entre a União, os estados, o Distrito Federal e os municípios determinam que os seus respectivos gestores públicos, de forma isolada ou integrada com outros entes federados, promovam o cumprimento de determinados mandamentos constitucionais. Vejamos quais são eles:

> Art. 23. É competência comum da União, dos Estados, do Distrito Federal e dos Municípios:
>
> I – zelar pela guarda da Constituição, das leis e das instituições democráticas e conservar o patrimônio público;
> II – cuidar da saúde e assistência pública, da proteção e garantia das pessoas portadoras de deficiência;

> III – proteger os documentos, as obras e outros bens de valor histórico, artístico e cultural, os monumentos, as paisagens naturais notáveis e os sítios arqueológicos;
> IV – impedir a evasão, a destruição e a descaracterização de obras de arte e de outros bens de valor histórico, artístico ou cultural;
> V – proporcionar os meios de acesso à cultura, à educação, à ciência, à tecnologia, à pesquisa e à inovação;
> VI – proteger o meio ambiente e combater a poluição em qualquer de suas formas;
> VII – preservar as florestas, a fauna e a flora;
> VIII – fomentar a produção agropecuária e organizar o abastecimento alimentar;
> IX – promover programas de construção de moradias e a melhoria das condições habitacionais e de saneamento básico;
> X – combater as causas da pobreza e os fatores de marginalização, promovendo a integração social dos setores desfavorecidos;
> XI – registrar, acompanhar e fiscalizar as concessões de direitos de pesquisa e exploração de recursos hídricos e minerais em seus territórios;
> XII – estabelecer e implantar política de educação para a segurança do trânsito.
>
> Parágrafo único. Leis complementares fixarão normas para a cooperação entre a União e os Estados, o Distrito Federal e os Municípios, tendo em vista o equilíbrio do desenvolvimento e do bem-estar em âmbito nacional. (Brasil, 1988a)

Considerando que estamos tratando dos municípios e do seu papel na segurança pública municipal, não trataremos de outros temas, focando e analisando em específico o nosso objeto principal. Todas as citações a seguir são do texto do art. 23 da constituição de 1988 (Brasil, 1988a).

Vemos que, no inciso I, há a competência do município de "zelar pela guarda da Constituição". Esse zelo em si tem como significado a aplicação do verbo *proteger*, que se traduz na defesa da Constituição, das leis e das instituições democráticas.

Mais à frente, no mesmo inciso, encontramos a oração "conservar o patrimônio público". Essa conservação, de maneira ampla, visa ao emprego das diversas formas de manutenção e de proteção do patrimônio público, ou seja, nesse caso, podemos usar, como sinônimo de *conservar*, os verbos *proteger* e *manutenir*. Da mesma forma, no inciso III, vemos que os entes federados devem *proteger* obras e bens de valor histórico, artístico e cultural, monumentos, paisagens naturais notáveis e sítios arqueológicos.

O inciso IV define a função de *impedir* a evasão, a destruição ou a descaracterização de obras de arte e demais bens de valor histórico, artístico ou cultural. Essa ação também tem o sentido de *proteger*, ou seja, por meio de ações preventivas, manter a segurança e evitar o prejuízo, por meio de furto, roubo ou dano.

No inciso VI, encontramos, de maneira direta e objetiva, o mandamento constitucional de efetivamente *proteger* o meio ambiente, combatendo atos que possam trazer prejuízo a ele ou transgredir normas de conduta. Portanto, os municípios têm como missão a proteção do meio ambiente e o combate a todas as formas de poluição.

Na mesma linha de raciocínio, visando a instrumentalizar os entes federados em relação à proteção ambiental, no inciso subsequente, encontramos a previsão legal para o desenvolvimento de ações de preservação das florestas, da fauna e da flora. Para tanto, devem ser realizados programas permanentes de preservação ambiental com monitoramento contínuo e específico.

Com o enunciado do inciso X, observamos a previsão no texto constitucional que determina o desenvolvimento, pelos entes públicos, de ações que visem a evitar e a diminuir uma das maiores causas do desequilíbrio social, a pobreza, com programas públicos voltados ao regate social e ao equilíbrio socioeconômico do cidadão.

Atingir a causa é a forma mais correta e eficaz para se combater os fatores que podem levar o cidadão à marginalização. Programas de governo voltados à integração social nas três esferas públicas são ações preventivas que tendem a obter um resultado mais duradouro, desde que haja continuidade e manutenção dessas ações.

Por fim, o inciso XII tem reflexo direto nas ações de defesa social, tratando como competência comum para todos os entes federados as políticas de educação para a segurança do trânsito. Dessa maneira, elaborar e implantar políticas públicas voltadas para a preservação da vida e para a diminuição das perdas visando a garantir maior segurança no trânsito é o último item previsto pela Assembleia constituinte como atribuição comum a todos os entes federados.

Concluímos, então, que as competências comuns a todos os entes federados, previstas no art. 23 da Constituição Federal, têm por objetivo principal manter a independência dos entes federados, mas, ainda assim, permitir e incentivar ações de defesa social, isoladas ou em conjunto, com o intuito de proporcionar maior segurança e qualidade de vida ao cidadão atual e às futuras gerações.

3.4 Competência dos municípios

Inicialmente, cabem aqui algumas observações acerca do significado de *competência administrativa*: de forma objetiva, podemos afirmar que se trata do direito e do dever do gestor público de gerenciar de forma plena e direta determinada atividade ou ação, conforme previsto na Constituição Federal.

No rol das competências do município, encontramos a competência privativa, como a capacidade de legislar sobre assunto de interesse local; a competência concorrente, como executar atos administrativos e ações em prol da saúde e da educação; e a competência suplementar, relacionada às legislações federal e estadual.

O art. 30 da Constituição de 1988 descreve, em seus incisos, as competências específicas do município, as quais, no entanto, não devem ser confundidas com competências únicas e limitadas. Vejamos o texto constitucional:

> Art. 30. Compete aos Municípios:
>
> I – legislar sobre assuntos de interesse local;
> II – suplementar a legislação federal e a estadual no que couber;
> III – instituir e arrecadar os tributos de sua competência, bem como aplicar suas rendas, sem prejuízo da obrigatoriedade de prestar contas e publicar balancetes nos prazos fixados em lei;
> IV – criar, organizar e suprimir distritos, observada a legislação estadual;
> V – organizar e prestar, diretamente ou sob regime de concessão ou permissão, os serviços públicos de interesse local, incluído o de transporte coletivo, que tem caráter essencial;
> VI – manter, com a cooperação técnica e financeira da União e do Estado, programas de educação infantil e de ensino fundamental;
> VII – prestar, com a cooperação técnica e financeira da União e do Estado, serviços de atendimento à saúde da população;
> VIII – promover, no que couber, adequado ordenamento territorial, mediante planejamento e controle do uso, do parcelamento e da ocupação do solo urbano;
> IX – promover a proteção do patrimônio histórico-cultural local, observada a legislação e a ação fiscalizadora federal e estadual. (Brasil, 1988a)

Vamos agora fazer uma reflexão pormenorizada dos itens acima descritos, os quais podem vir a refletir de maneira direta na defesa social do município e, em especial, na segurança pública municipal. Assim, todas as competências das cidades, descritas a seguir, são oriundas dos incisos do art. 30 da Constituição Federal (Brasil, 1988a).

Vemos, no inciso I, a competência do município de legislar sobre **assuntos de interesse local**. A autonomia do município, nesse aspecto, pode e deve agir de forma a trazer maior equilíbrio social, implantando políticas sociais e legislando sobre condições que possam garantir os direitos do cidadão e da coletividade, prevenindo e combatendo a violência e a criminalidade na sua área de abrangência e respeitando as competências privativas dos estados, do Distrito Federal e da União.

Segundo o inciso II, os municípios podem legislar de forma suplementar em outros assuntos que lhe couberem e não forem exclusivamente de interesse local. Ou seja, caso o legislador municipal necessite tratar de determinada matéria e esta não se enquadre no inciso I, mas seja fundamental para a municipalidade, ele poderá legislar de forma **suplementar**.

O inciso V outorga aos municípios a organização e a prestação de serviços públicos de interesse local. Nesse caso, além de legislar, o município pode prestar serviço público sob forma de competência exclusiva em assuntos de interesse local. Caso seja necessário, o município pode firmar parcerias, concedendo ou permitindo a prestação de serviços a outro ente, público ou privado, de acordo com a sua tipicidade e respeitando a legislação específica.

Por fim, o inciso IX trata da proteção do patrimônio histórico cultural como mais uma das competências exclusivas do município, observando e respeitando certamente as legislações federais e estaduais, bem como a ação de fiscalização da União e dos estados.

Concluímos, assim, que, entre as competências exclusivas do município, a grande inovação – e certamente a mais importante – foi efetivamente a consolidação da autonomia dos municípios, com a inserção da expressão *interesse local*, que consagra o direito do município, por meio dos seus poderes Executivo e Legislativo, de realmente representar os interesses da sua municipalidade, tendo plenos poderes na elaboração de leis, na organização, na administração e na prestação dos serviços públicos municipais.

3.5 Competência concorrente

Antes de nos aprofundarmos no tema exposto no título desta seção, vamos explicar o seu significado. *Competência concorrente*, de maneira prática, é quando dois ou mais entes públicos têm competência comum sobre a mesma matéria. É importante lembrar que essa competência é simultânea e a hierarquia das leis deve ser respeitada, sendo a lei maior de um país a Constituição Federal.

Tendo esclarecido esse conceito, agora podemos tratar da responsabilidade dos municípios em relação à segurança pública.

O Capítulo III da Constituição Federal prevê no *caput* do art. 144 que "A segurança pública, dever do Estado, direito e responsabilidade de todos, é exercida para a preservação da ordem pública e da incolumidade das pessoas e do patrimônio [...]" (Brasil, 1988a). Assim, constatamos que os municípios têm sim sua responsabilidade no tocante à segurança pública municipal.

Seguindo esse entendimento, encontramos, no mesmo artigo, em seu parágrafo 8º, a previsão legal da possibilidade de criação da Guarda Municipal, caso o município a considere necessária.

Vejamos o que menciona o texto Constitucional que trata sobre segurança pública em relação à competência dos municípios:

> Art. 144 – A segurança pública, dever do Estado, direito e responsabilidade de todos, é exercida para a preservação da ordem pública e da incolumidade das pessoas e do patrimônio, através dos seguintes órgãos:

> [...]
>
> § 8º Os Municípios poderão constituir guardas municipais destinadas à proteção de seus bens, serviços e instalações, conforme dispuser a lei.
>
> [...]
>
> § 10. A segurança viária, exercida para a preservação da ordem pública e da incolumidade das pessoas e do seu patrimônio nas vias públicas:
>
> I – compreende a educação, engenharia e fiscalização de trânsito, além de outras atividades previstas em lei, que assegurem ao cidadão o direito à mobilidade urbana eficiente; e
>
> II – compete, no âmbito dos Estados, do Distrito Federal e dos Municípios, aos respectivos órgãos ou entidades executivos e seus agentes de trânsito, estruturados em Carreira, na forma da lei. (Brasil, 1988a)

Assim, percebemos que a Guarda Municipal, um órgão de serviço público municipal, aparece na Constituição de 1988 como uma norma facultativa, de decisão única e exclusiva do município, de acordo com suas necessidades e condições financeiras.

Podemos compreender que há previsão da tipicidade dos grandes centros, bem como da peculiaridade dos municípios, de um modo geral, o que acabou consignando essa faculdade como uma consolidação efetiva da autonomia municipal diante das necessidades locais, não desprezando, no entanto, as questões relacionadas à segurança pública, entre outras matérias, que apresentam competência concorrente.

Assim, ao descrever, no parágrafo 8º, as atribuições da Guarda Municipal, o texto constitucional estabelece a competência privativa desse organismo policial do município: a proteção de seus bens, serviços e instalações; não excluindo, contudo, as competências comuns, concorrentes, remanescentes, residuais, cumulativas e as suplementares.

Vejamos o pronunciamento do Superior Tribunal de Justiça sobre a matéria:

> A guarda municipal, a teor do disposto no § 8º, do art. 144, da Constituição Federal, tem como tarefa precípua a proteção do patrimônio do município, **limitação que não exclui nem retira de seus integrantes a condição de agentes da autoridade, legitimados, dentro do princípio de autodefesa da sociedade, a fazer cessar eventual prática criminosa**, prendendo quem se encontra em flagrante delito, como de resto facultado a qualquer do povo pela norma do art. 301 do Código de Processo Penal. (Brasil, 1998a, grifo nosso)

Podemos concluir que as guardas municipais, órgãos operacionais do Sistema Único de Segurança Pública (Susp), conforme a Lei n. 13.675, de 11 de junho de 2018 (Brasil, 2018a), tem, em seus agentes, profissionais que devem efetuar o policiamento ostensivo e preventivo nas cidades, sem que essa ação do município possa configurar usurpação da função pública de outra força policial.

Com relação ao controle do trânsito nas cidades, o Código Nacional de Trânsito (Lei n. 9.503, de 23 de setembro de 1997) outorga essa competência para os municípios, inserindo-os no Sistema Nacional de Trânsito e atribuindo-lhes, entre outras, a função de realizar o policiamento e a fiscalização das vias públicas das cidades (Brasil, 1997b).

A Emenda Constitucional n. 82, de 16 de junho de 2014 (Brasil, 2014a), incluiu, no art. 144 da Constituição, o parágrafo 10 e os seus incisos, que tratam, de maneira mais clara e objetiva, da competência dos municípios em relação à segurança viária, que deve ser exercida a fim de preservar a ordem pública e a incolumidade das pessoas e do patrimônio nas vias públicas municipais.

Observamos, portanto, o progresso legislativo no reconhecimento da atividade de agente de trânsito como essencial para a segurança viária da municipalidade e na inclusão dos municípios no papel do efetivo policiamento e na fiscalização das vias urbanas e rurais.

Por fim, ressaltamos que compete ao município "legislar sobre assuntos de interesse local" (Brasil, 1988a) e que a segurança pública, hoje, é efetivamente um dos mais importantes assuntos de interesse dos munícipios, em razão da necessidade de garantir a segurança e o bem-estar do cidadão da sua cidade.

Concluímos, assim, que, respeitando as limitações dos entes federados, todos têm competência em relação à segurança pública local. Portanto, os munícipios não podem permanecer na inércia cômoda e costumeira, mas assumir cada vez mais a importante missão de, em conjunto com os demais órgãos de segurança pública e a comunidade em geral, implantar programas e desenvolver ações voltados ao combate aos fatores que geram a criminalidade e a insegurança nos municípios.

3.6 Lei orgânica do município

A lei orgânica municipal equivale a uma constituição municipal e, seguindo o princípio da hierarquia das leis, no âmbito de sua circunscrição, equipara-se à Constituição Federal e à Constituição Estadual.

Conforme o mandamento constitucional, a lei orgânica municipal deve ser promulgada seguindo os princípios constitucionais estabelecidos no art. 29 da Constituição Federal:

> Art. 29. O Município reger-se-á por lei orgânica, votada em dois turnos, com o interstício mínimo de dez dias, e aprovada por dois terços dos membros da Câmara Municipal, que

> a promulgará, atendidos os princípios estabelecidos nesta Constituição, na Constituição do respectivo Estado e os seguintes preceitos [...] (Brasil, 1988a)

Como podemos constatar, o município deve ser administrado seguindo o que for estabelecido na sua lei orgânica, e esta, por sua vez, somente pode ser promulgada após seguir o rito próprio para sua aprovação, desde que seu conteúdo respeite os princípios estabelecidos na Constituição Federal e na Constituição Estadual, que, via de regra, devem também estar em perfeita harmonia.

Alguns municípios, na elaboração de sua lei orgânica, ao tratar sobre segurança pública municipal ou, melhor dizendo, sobre defesa social em seu aspecto amplo, acabam discorrendo sobre o assunto com excessiva modéstia, quase ignorando sua verdadeira importância para a municipalidade e para a sua população.

Como exemplo positivo, mencionado o município de Curitiba, que, de forma inovadora, sem deixar de seguir os princípios constitucionais, tanto os estabelecidos na Constituição Federal quanto o descrito na Constituição do Estado do Paraná, e ainda reforçando o disposto no art. 30 da Constituição Federal no que se refere a "legislar sobre assunto de interesse local" (Brasil, 1988a), em 1990 promulgou a sua lei orgânica municipal (Curitiba, 1990) – que teve uma significativa alteração com a Emenda à Lei Orgânica n. 15, de 15 de dezembro de 2011 (Curitiba, 2011) –, dando especial atenção aos assuntos de defesa social, de forma incisiva e pontual. Vejamos:

> Art. 11. Compete ao Município **prover a tudo quanto respeita ao seu interesse e ao bem-estar de sua população**, cabendo-lhe, em especial:
>
> [...]
>
> XII – **promover a proteção** ao meio ambiente e o controle da poluição ambiental. [...]

XIII – **preservar a ordem pública** e dispor sobre espetáculos e diversões públicas.

[...]

XV – **disciplinar o trânsito local**, sinalizando as vias urbanas e estradas municipais, aplicar penalidades e promover a arrecadação de multas, especialmente as relativas ao trânsito urbano, nos termos da legislação federal.

[...]

XIX – estabelecer e manter atualizado um **Sistema de Informações físicas**, territoriais, sociais e econômicas, tendo por finalidade o acompanhamento do desenvolvimento e das transformações da Cidade.

[...]

XXIV – **manter a guarda municipal**, como **instrumento de preservação de ordem pública** e para a proteção de bens, serviços e instalações, conforme dispõem a Constituição Federal e a legislação pertinente.

XXV – **exercer o poder de polícia** em tudo o que for de seu peculiar interesse.

[...]

Art. 72. Ao Prefeito compete:

[...]

XXIX – solicitar auxílio aos órgãos de segurança e **determinar à guarda municipal** o cumprimento de seus atos.

[...]

Art. 102. **O Município manterá uma Guarda Municipal** para desempenho das atribuições definidas em lei, nos termos da Constituição Federal. (Curitiba, 1990, grifo nosso)

Sem entrar no mérito do conteúdo descrito nos artigos citados, uma vez que serão objeto de estudo mais aprofundado nos Capítulos 4 e 5, destacamos apenas a questão da evolução legislativa no que diz respeito ao interesse e à preocupação do município em relação aos aspectos da defesa social, buscando, assim, criar mecanismos próprios de ação nesse sentido.

Assim, verificamos que os municípios, dentro da sua esfera de competência, podem e devem atuar nas questões relacionadas à segurança pública e à prevenção à violência, podendo utilizar como ponto de partida a Lei n. 13.675/2018, a qual estudaremos no Capítulo 6.

Síntese

Neste capítulo observamos que, com a entrada em vigor da Constituição de 1988, os municípios passaram a compor a estrutura do Estado como entes federados.

Essa mudança de olhar em relação aos municípios reflete de maneira significativa nas ações locais, voltadas ao interesse da comunidade, que anteriormente dependiam do poder central, que muitas vezes ignorava essa carência em razão das suas diversas atribuições globais.

Por fim, concluímos que tratar os assuntos locais de forma pontual é o melhor caminho para uma nação mais justa e solidária.

Questões para revisão

1) Com relação à competência legal da Guarda Municipal, no âmbito da sua circunscrição e segundo o princípio de autodefesa da sociedade, é correto afirmar que seus integrantes são agentes da autoridade?

2) A respeito das competências descritas na Constituição Federal, quais são as exclusivas dos municípios?

3) Assinale a alternativa que preenche corretamente a seguinte frase:

A organização político-administrativa da República Federativa do Brasil compreende a União _____, _____ e _____, todos autônomos, nos termos desta Constituição (Brasil, 1988a).

   a. temporária dos estados; do Distrito Federal; dos municípios.
   b. do Judiciário; do Executivo; do Legislativo.
   c. solúvel dos estados; do Distrito Federal; dos municípios.
   d. dos estados; do Distrito Federal; dos municípios

4) Entre as competências comuns da União, dos estados, do Distrito Federal e dos municípios, estão:

   a. combater o meio ambiente e proteger a poluição em qualquer de suas formas.
   b. zelar somente pela guarda das leis e das instituições democráticas e conservar o patrimônio público.
   c. proporcionar a evasão, a destruição e a descaracterização de obras de arte e de outros bens de valor histórico, artístico ou cultural.
   d. combater as causas da pobreza e os fatores de marginalização, promovendo a integração social dos setores desfavorecidos.

5) Conforme a Constituição Federal (Brasil, 1988a), compete aos municípios:

   a. promover exclusivamente a proteção do patrimônio histórico-cultural local.
   b. essencialmente criar, organizar e suprimir distritos e bairros.
   c. legislar sobre assuntos de interesse local.
   d. organizar exclusivamente os serviços públicos de interesse local, incluído o de transporte coletivo, que tem caráter essencial.

Questões para reflexão

1) Você considera que somente os estados da Federação têm competência em relação à segurança do cidadão?

2) No que diz respeito à legislação sobre assuntos de interesse exclusivo da sociedade familiar, é possível tratar questões relacionadas à segurança interna ou isso é competência exclusiva do Estado?

Para saber mais

TEIXEIRA, E. C. **Competências dos municípios**. Educação Pública. Biblioteca: cidadania. Disponível em: <http://www.educacaopublica.rj.gov.br/biblioteca/cidadania/0062.html>. Acesso em: 27 mar. 2017.
Nesse artigo, Elenaldo Celso Teixeira trata da noção de *competência*, dos tipos de competências e quais delas cabem aos municípios.

Consultando a legislação

CURITIBA. Lei Orgânica do Município de Curitiba/PR. **Diário Oficial do Município**, Curitiba, 10 abr. 1990. Disponível em: <https://leismunicipais.com.br/lei-organica-curitiba-pr>. Acesso em: 27 mar. 2017.
Na Lei Orgânica do Município de Curitiba, podemos observar as propostas da cidade para a segurança pública respeitando as suas atribuições legais e as demais leis que regem esse assunto.

IV

Conteúdos do capítulo:

» Aspectos jurídicos da Guarda Municipal no âmbito da Constituição Federal.

» Aspectos jurídicos da Guarda Municipal no âmbito do Estatuto do Desarmamento.

» Aspectos jurídicos da Guarda Municipal no âmbito do Estatuto Geral das Guardas Municipais.

Após o estudo deste capítulo, você será capaz de:

1. discernir a função primordial das guardas municipais na segurança pública municipal;
2. analisar com maior clareza o texto constitucional que trata sobre as guardas municipais;
3. identificar as peculiaridades relacionadas ao porte de arma das guardas municipais, considerando o que estabelece o Estatuto do Desarmamento e o Estatuto Geral das Guardas Municipais.

Guarda Municipal I

4.1 A Guarda Municipal e a Constituição Federal

Quando começaram a ressurgir as guardas municipais, após a Constituição de 1988, diversos juristas procuraram dissertar sobre o tema, e foram estabelecidas duas grandes correntes: uma que considerava essas instituições apenas um "corpo de vigilantes patrimoniais" e outra que defendia a tese da proteção de "bens e serviços" como uma consequência natural da proteção da população citadina.

A importância da Guarda Municipal para a segurança pública local se revela no fato de ela ser um dos poucos órgãos, senão o único, de prestação de serviço público municipal a constar na Constituição Federal.

O art. 144 da Constituição estabelece as atividades, os órgãos e a atuação destes para garantia da segurança pública e da incolumidade das pessoas e do patrimônio, preconiza a responsabilidade de todos, principalmente do Estado (União, estados, Distrito Federal e municípios), e define a segurança pública como direito e responsabilidade de todos.

A inclusão dos municípios no capítulo destinado à segurança pública, elevados a entes federados, como já vimos no Capítulo 3, com sua parcela de responsabilidade em relação à segurança pública, levando em consideração suas possíveis limitações econômicas, facultou a criação das guardas municipais.

A Constituição também descreve a função a ser desenvolvida pelos profissionais das guardas municipais, ao estabelecer como sua competência a proteção de bens, serviços e instalações municipais.

> Art. 144 – A segurança pública, dever do Estado, direito e responsabilidade de todos, é exercida para a preservação da ordem pública e da incolumidade das pessoas e do patrimônio:
>
> [...]
>
> § 7º A lei disciplinará a organização e o funcionamento dos órgãos responsáveis pela segurança pública, de maneira a garantir a eficiência de suas atividades.
>
> § 8º Os municípios poderão constituir guardas municipais destinadas à proteção de seus bens, serviços e instalações, conforme dispuser a lei. (Brasil, 1988a)

A seguir, analisaremos a função da Guarda Municipal considerando o que diz o parágrafo 8º do art. 144 da Constituição Federal.

4.1.1 A proteção

Segundo o professor De Plácido e Silva, do termo *proteção*, que deriva do "latim *protectio*, de *protegere* (cobrir, amparar, abrigar), entende-se toda espécie de assistência ou auxílio, prestado às coisas ou às pessoas, a fim de que se resguardem contra males que lhes possam advir" (De Plácido e Silva, 1975, p. 1249).

4.1.2 Os bens

A referência ao termo *bens*, conceito originário do Código Civil – Lei n. 10.406, de 10 de janeiro de 2002 (Brasil, 2002a) –, deve ser considerada de maneira ampla, abrangendo a vida e o corpo das pessoas (bens corpóreos e incorpóreos), uma vez que o maior bem de um município são os seus munícipes.

No art. 98 do Código Civil brasileiro, há descrição dos bens públicos de domínio nacional, ou seja, aqueles que pertencem às pessoas jurídicas de direito público interno, excluindo-se dessa interpretação os bens particulares, independentemente de a quem pertençam. Já no art. 99, encontramos a relação dos bens públicos:

> I – os de uso comum do povo, tais como rios, mares, estradas, ruas e praças;
> II – os de uso especial, tais como edifícios ou terrenos destinados a serviço ou estabelecimento da administração federal, estadual, territorial ou municipal, inclusive os de suas autarquias;
> III – os dominicais, que constituem o patrimônio das pessoas jurídicas de direito público, como objeto de direito pessoal, ou real, de cada uma dessas entidades. (Brasil, 2002a)

De modo mais claro, podemos dizer que os bens dominicais são o patrimônio disponível do Estado e que não têm destinação comum ou especial. Em razão dessa particularidade, o Poder Público é o seu proprietário, podendo dispor deles com fins econômicos, de acordo com o interesse público. Exemplos de bens dominicais são as terras devolutas e os bens que pertencem ao patrimônio privado da administração pública.

Segundo o professor Leib Soibelman (1994, p. 48-49):

> *Bem é um conceito muito mais amplo que o de coisa. Bem é todo valor representativo para a vida humana, de ordem material ou imaterial. Nem tudo que no mundo material é coisa adquire a mesma categoria no mundo jurídico, como acontece por exemplo com o corpo do homem vivo, considerado elemento essencial da personalidade e sujeito de direito, já que não é possível separar na pessoa viva o corpo da personalidade. Os direitos também não são coisas embora frequentemente sejam mencionados como "coisas incorpóreas". Juridicamente não existem coisas imateriais. Se desta natureza, o mais admitido hoje é falar em bens incorpóreos. A palavra*

coisa refere-se sempre aos bens materiais, corpóreos tangíveis, sensíveis. Coisa é o que não sendo pessoa pode ser tocado, ou pelo menos sentido como as energias. Todo o valor que representa um bem para uma sociedade, e cuja distribuição, segundo os padrões nela vigentes pode provocar injusta competição, torna-se objeto do direito.

Nas palavras do professor e jurista Hely Lopes Meirelles (2006, p. 221-222):

O conceito de bem é amplo, abrangendo tudo aquilo que tenha valor econômico ou moral e seja suscetível de proteção jurídica. No âmbito local consideram-se bens ou próprios municipais todas as coisas corpóreas ou incorpóreas: imóveis, móveis e semoventes: créditos, débitos, direitos e ações que pertençam, a qualquer título, ao Município.

Considerando o exposto acima, no art. 4º do Estatuto Geral das Guardas Municipais (Lei n. 13.022, de 8 de agosto de 2014), em seu parágrafo único, temos:

> Art. 4º É competência geral das guardas municipais a proteção de bens, serviços, logradouros públicos municipais e instalações do Município.
>
> Parágrafo único. Os bens mencionados no caput abrangem os de uso comum, os de uso especial e os dominiais. (Brasil, 2014b)

4.1.3 Os serviços

A atuação do Poder Público municipal é bastante abrangente no que diz respeito à prestação de serviços. Além dos serviços de educação, saúde, trânsito e meio ambiente, há um sem-número de atribuições e atividades desempenhadas pela municipalidade.

Segundo o mestre Celso Antônio Bandeira de Mello (1987, p. 14):

> A prestação de serviços pelo Poder Público é a atribuição primordial do governo, e até certo ponto, a sua própria razão de ser. O Estado na sua acepção ampla – União, Estado-membro e Município – não se justifica senão como entidade prestadora de serviços públicos aos indivíduos que o compõem.

Meirelles (2006, p. 253) mantém o mesmo entendimento:

> A função governamental, e particularmente a administrativa, visa a assegurar a coexistência dos governados em sociedade, mantendo a paz externa e a concórdia interna, garantindo e fomentando a iniciativa particular, regulando a ordem econômica, promovendo a educação e o ensino, preservando a saúde pública, propiciando, enfim, o bem-estar social, através de obras e serviços necessários à coletividade (serviços públicos propriamente ditos) ou convenientes aos indivíduos (serviços de utilidade pública). (Meirelles, 2006, p. 253)

Para garantir a segurança na prestação de todos esses serviços, o Poder Público conta com o policiamento ostensivo e preventivo da Guarda Municipal.

4.1.4 As instalações

O termo *instalações* não é uma terminologia jurídica, podendo, portanto, ser considerado sob o aspecto meramente patrimonial, referindo-se ao "ato ou efeito de instalar-se". Assim, as edificações que pertencem ou estão sob a guarda do Poder Público municipal podem ser consideradas instalações públicas, trazendo, com o devido respeito, uma falsa interpretação de que a Guarda Municipal atua como uma *guarda patrimonial*, cuja atuação limita-se apenas à preservação das edificações, e desprezando a sua atuação mais abrangente: proteger os bens, os serviços e as instalações. Na proteção dos serviços, por exemplo, não se preserva o patrimônio, mas o atendimento prestado por outras instituições à população.

4.1.5 A disposição da lei

Para concluir a interpretação do texto constitucional, analisaremos o seguinte trecho do parágrafo 8º do art. 144 da Constituição Federal: "conforme dispuser a lei". Por tratar-se de um mandamento explícito na Constituição, esse trecho se refere não a uma lei municipal ou estadual.

Assim, concomitantemente com o disposto na Constituição, em 8 de agosto de 2014, entrou em vigor a Lei n. 13.022/2014, intitulada **Estatuto Geral das Guardas Municipais**.

Com o estatuto, a atividade das guardas municipais passou a ser uniformizada em todos os municípios da federação, e elas assumiram a função de polícia de prevenção tendo como atribuição principal a proteção municipal preventiva e exercendo, assim, a segurança sistêmica da população.

O Estatuto estabeleceu regras próprias para as guardas municipais (princípios e competências legais, forma de criação, mecanismos de controle, entre outras) e para os seus integrantes (prerrogativas da função, investidura, capacitação, proibições, órgãos de representação, padronização de uniformes e equipamentos, entre outras).

Em síntese, o principal ponto do estatuto foi justamente cumprir o estabelecido na Constituição Federal, dispondo de forma clara sobre a competência da Guarda Municipal e conceituando-a como uma instituição de caráter civil, uniformizada e armada, conforme previsto em lei, e tendo como função a proteção municipal preventiva.

4.1.6 A Guarda Municipal como órgão de segurança pública

A Guarda Municipal encontra-se inserida na Constituição Federal no capítulo destinado às diretrizes da segurança pública, dever do Estado e responsabilidade de todos. Além disso, existe a Lei n. 13.675, de 11 de junho de 2018 (Brasil, 2018a), que, efetivamente, considera a Guarda Municipal um órgão de segurança pública.

Portanto, nada mais correto que fosse elaborada uma lei federal cumprindo o que determina os parágrafos 7º e 8º, do art. 144 da Constituição Federal, no sentido de disciplinar a organização e o funcionamento das guardas municipais, buscando, assim, manter uma padronização dessas constituições em nível nacional, de maneira a garantir a eficiência de suas atividades.

4.1.7 Direitos e garantias fundamentais da Guarda Municipal

A Constituição de 1988, que se originou de um processo evolutivo da sociedade brasileira e, ao ser promulgada, estabeleceu uma nova era no direito brasileiro, trazendo a concepção de regime democrático de direito com conceitos modernizados e expelindo aos poucos do nosso ordenamento jurídico os resquícios do sistema ditatorial de outrora.

> Art. 5º Todos são iguais perante a lei, sem distinção de qualquer natureza, garantindo-se aos brasileiros e aos estrangeiros residentes no País a inviolabilidade do direito à vida, à liberdade, à igualdade, à segurança e à propriedade [...] (Brasil, 1988a)

Ao analisarmos com acuidade o *caput* do art. 5º da Constituição Federal, podemos depreender a intenção do texto constitucional de abordar o tema dos direitos e deveres individuais e coletivos.

De maneira explícita, identificamos os princípios que alicerçaram a Constituição de 1988: a garantia, a todo cidadão brasileiro, bem como ao estrangeiro residente no país, da "inviolabilidade do Direito à **vida**, à **liberdade**, à **igualdade**, à **segurança** e à **propriedade**" (Brasil, 1988a, grifo nosso).

Seguindo essa linha de entendimento, devemos identificar quem são os agentes que devem zelar pelo cumprimento do que estabelece o texto constitucional, a fim preservar as garantias nele elencadas. Ou, em outras palavras: Quem são os agentes públicos que têm o dever legal de dar cumprimento ao mandamento Constitucional proferido, em específico no que se refere à garantia da inviolabilidade e à proteção dos direitos supracitados? "Em verdade o profissional da área de segurança pública, em específico o que realiza o policiamento ostensivo preventivo, tem por missão primordial proteger a integridade física do cidadão, quer seja vítima ou infrator, o policial deve procurar sempre combater o crime e não o criminoso" (Carvalho, 2012a, p. 41).

4.2 O Estatuto do Desarmamento

O Estatuto do Desarmamento, instituído pela Lei n. 10.826, de 22 de dezembro de 2003 (Brasil, 2003b), inicialmente foi regulamentado pelo Decreto n. 5.123, de 1º de julho de 2004 (Brasil, 2004), e posteriormente pelo Decreto n. 9.847, de 25 de junho de 2019 (Brasil, 2019a), que, além de preservar os principais conceitos do anterior, corrigiu algumas falhas e adequou regras que faltaram, estabelecendo, assim, preceitos legais para as instituições e as pessoas autorizadas a portar arma de fogo.

O Estatuto define, em seu art. 6º, quem são as pessoas que têm direito ao porte de arma de fogo: aquelas que dele dependam em razão do seu emprego ou de função pública e o morador rural que comprove necessidade para a subsistência alimentar de sua família.

No que diz respeito às guardas municipais, o estatuto estabeleceu regras próprias e específicas, muitas delas convalidadas em legislações posteriores, como a Lei Maria da Penha – Lei n. 11.340, de 7 de agosto de 2006 (Brasil, 2006b) – e o Estatuto Geral da Guardas Municipais (Lei n. 13.022/2014; de que trataremos mais adiante).

Vejamos o que diz a Lei n. 10.826/2003:

> Art. 6º É proibido o porte de arma de fogo em todo o território nacional, salvo para os casos previstos em legislação própria e para:
>
> [...]
>
> IV – os integrantes das guardas municipais das capitais dos Estados e dos Municípios com mais de 500.000 (quinhentos mil) habitantes, nas condições estabelecidas no regulamento desta lei;
>
> V – os integrantes das guardas municipais dos Municípios com mais de 50.000 (cinquenta mil) e menos de 500.000 (quinhentos mil) habitantes, quando em serviço;
>
> [...]
>
> § 7º Aos integrantes das guardas municipais dos Municípios que integram regiões metropolitanas será autorizado porte de arma de fogo, quando em serviço. (Brasil, 2003b)

Feitas essas considerações iniciais, analisaremos agora o Estatuto do Desarmamento e o seu decreto regulamentador, discorrendo em especial sobre os tópicos relacionados à Guarda Municipal.

4.2.1 O porte de arma de fogo

Iniciamos os estudos em relação ao porte de arma de fogo das guardas municipais observando que o Estatuto do Desarmamento estabeleceu três situações distintas para a mesma instituição municipal, condicionando o porte de arma dos seus servidores de acordo com a quantidade populacional e a situação geográfica do município.

Assim, passamos a distinguir as guardas municipais conforme o estatuto:

1. com direito ao porte de arma de fogo em serviço e fora de serviço;
2. com direito ao porte de arma de fogo somente em serviço;
3. sem direito ao porte de arma de fogo.

Portanto, para as guarda municipais, existem dois tipos de porte de arma de fogo: o particular (pessoa física) e o funcional (pessoa jurídica).

O **porte particular** de arma de fogo deve ser permitido aos servidores das guardas municipais das capitais dos estados, independentemente do número de habitantes residentes no município e aos servidores das guardas municipais das cidades com mais de 500 mil habitantes, inclusos os servidores dos municípios das regiões metropolitanas que se enquadrarem nessa regra de quantidade populacional.

O porte particular não invalida e não prejudica o fornecimento do **porte funcional** de arma de fogo, podendo o guarda municipal que se encontre nessa condição utilizar sua arma de fogo, ou a fornecida pela instituição, 24 horas por dia, mesmo estando fora de serviço.

> Art. 6º É proibido o porte de arma de fogo em todo o território nacional, salvo para os casos previstos em legislação própria e para:
>
> [...]
>
> III – os integrantes das guardas municipais das capitais dos Estados e dos Municípios com mais de 500.000 (quinhentos

> mil) habitantes, nas condições estabelecidas no regulamento desta lei;
>
> [...]
>
> § 1º As pessoas previstas nos incisos I, II, **III**, V e VI do caput deste artigo **terão direito de portar arma de fogo** de propriedade **particular** ou fornecida pela respectiva corporação ou **instituição, mesmo fora de serviço**, nos termos do regulamento desta lei, com validade em âmbito nacional para aquelas constantes dos incisos I, II, V e VI. (Brasil, 2003b, grifos nossos)

O **porte funcional** de arma de fogo deve ser conferido a todos os servidores das guardas municipais das capitais dos estados da federação, das cidades com mais de 50 mil habitantes e dos municípios das regiões metropolitanas, mesmo que não atinjam o número mínimo de 50 mil habitantes.

As guardas municipais das cidades com população inferior a 50 mil habitantes e que não integrem regiões metropolitanas, portanto, não têm direito ao porte funcional de arma de fogo. Entendemos que essa questão merece ser revista, uma vez que o índice de criminalidade não está vinculado diretamente à quantidade populacional. Além disso, nas regiões rurais e nas cidades menos habitadas, além de policiamento escasso, há fragilidade do aporte do estado em caso de emergência policial.

Por outro lado, o estatuto, ao conferir o direito ao porte de arma de fogo aos integrantes das guardas municipais, estabeleceu alguns critérios fundamentais, a fim de evitar o eventual fornecimento do armamento, por parte da Administração Pública, a possíveis profissionais despreparados ou sem o devido controle sobre os seus atos. Assim, foi determinada a criação de mecanismos de controle interno e externo, por meio da instalação de ouvidoria e corregedoria, além da formação profissional, realizada em estabelecimento de ensino de atividade policial.

O Decreto n. 9.847/2019 define como atribuição da Polícia Federal a concessão do "porte de arma de fogo funcional aos integrantes das guardas municipais, com validade pelo prazo de dez anos, contado da data de emissão do porte, nos limites territoriais do Estado em que exerce a função" (Brasil, 2019a, art. 29-A, II).

Contudo, essa definição não exclui a possibilidade de a Polícia Federal, mediante convênio, delegar referida atribuição ao município, podendo o comando da Guarda Municipal, na confecção da carteira funcional do seu agente, inserir a autorização para o porte de arma, tanto na categoria funcional quanto na particular.

Via de regra, nos termos de convênio que estão sendo elaborados pela Polícia Federal e firmados com os municípios proponentes, a competência para a emissão do porte tem sido exercida pela própria municipalidade, após a consumação do termo de convênio.

Ao tratarmos da emissão do porte de arma, devemos observar o contido no art. 10 da Lei n. 10.826/2003, que trata da limitação da eficácia temporária e territorial do porte, conforme atos regulamentares.

Inicialmente, o texto da lei, regulamentado pelo Decreto n. 5.123/2004, em seu art. 45, inseriu, para as guardas municipais, a limitação do porte de arma de fogo apenas no município em que atua o profissional. Com a entrada em vigor do Decreto n. 5.871, de 10 de agosto de 2006 (Brasil, 2006a), no entanto, essa limitação foi revogada.

O grande problema para o cumprimento da determinação legal, que foi revogada, era o fato de que muitos guardas municipais residem em um município e executam suas atividades laborativas em outro, principalmente nos grandes centros urbanos. Assim, o deslocamento do guarda de sua residência para o trabalho e vice-versa ficava comprometido, tanto em relação ao porte de arma funcional quanto ao porte de arma particular, havendo a necessidade de autorização específica para o referido deslocamento.

Hoje, com a edição do novo regulamento do Estatuto do Desarmamento, o já citado Decreto n. 9.847/2019, e a alteração definida pelo Decreto n. 10.030, de 30 de setembro de 2019 (Brasil, 2019b), ficou estabelecido que o porte de arma de fogo do guarda municipal compreende o limite territorial do Estado ao qual ele exerce suas atividades laborais. Contudo, caso esse profissional exerça sua função em um Estado da federação e resida em outro Estado limítrofe, pode portar legalmente o referido armamento no deslocamento até sua residência.

Em relação aos documentos referentes à aquisição e à autorização para o porte de arma, devemos analisar de forma pormenorizada o que menciona o art. 11 do Estatuto do Desarmamento em seus incisos e, em especial, o que dispõe o parágrafo 2º do mencionado texto legal.

O referido artigo trata em específico da cobrança de taxas pela Polícia Federal referentes à prestação de serviço em relação à expedição do registro de arma de fogo, à renovação do registro, à expedição de segunda via, à expedição do porte federal e à expedição de segunda via do porte federal.

O parágrafo 2º do artigo trata da isenção do pagamento das referidas taxas para "as pessoas e as instituições a que se referem os incisos I a VII e X e o § 5º do art. 6º desta Lei". Considerando que, de maneira explícita, os incisos III e IV do art. 6º referem-se aos guardas municipais das capitais, das cidades com mais de 500 mil habitantes e das cidades que têm entre 50 mil e 500 mil habitantes e reforçando que o *caput* do artigo e os seus incisos tratam da previsão legal do fornecimento do **porte federal de arma de fogo** a essas pessoas, em uma interpretação *ipsis litteris*, podemos concluir que o legislador não proibiu a expedição do porte federal de arma de fogo para servidores das guardas municipais, que devem apenas preencher os requisitos estabelecidos no art. 10 do Estatuto do Desarmamento para obter o porte de arma de fogo na categoria **defesa pessoal.**

Assim, podemos compreender as distinções entre o porte de arma de fogo de categoria funcional, o porte de arma de fogo de categoria particular e o porte de arma de fogo de categoria de defesa pessoal. Os dois primeiros seguem os princípios estabelecidos no art. 6º, incisos III e IV e parágrafo 7º do Estatuto do Desarmamento e são fornecidos pela instituição do profissional após autorização expressa da Polícia Federal, mediante termo de convênio firmado entre o município e o Ministério da Justiça.

Por sua vez, o porte de arma de fogo de categoria de defesa pessoal encontra-se disposto no art. 10 da mesma lei e é concedido com isenção de taxas ao guarda municipal que comprovar sua efetiva necessidade em razão da atividade profissional ou em razão de ameaça à sua integridade física, devendo também preencher os demais requisitos do art. 10, além do disposto no art. 4º do Estatuto.

Seguindo esse entendimento, o art. 26 do Decreto n. 9.847/2019 menciona, em seu parágrafo 4º, que não será concedida autorização para o porte de arma de fogo a integrantes das guardas municipais, entre outros, que não estejam autorizados a portar arma de fogo fora de serviço, exceto comprovando o risco à sua integridade física e devendo observar o disposto no art. 11 do Estatuto do Desarmamento.

Em outras palavras, podemos compreender que será concedido porte de arma de fogo, na categoria de defesa pessoal, a profissionais das guardas municipais das capitais e das cidades com mais de 500 mil habitantes, bem como poderá ser fornecido, excepcionalmente, o porte de arma de fogo, na categoria de defesa pessoal, para os profissionais das guardas municipais das cidades com população inferior a 500 mil habitantes, desde que tais profissionais comprovem risco ou ameaça a sua integridade física.

Ainda com relação ao antigo e já revogado Decreto n. 5.123/2004, o art. 42, em seu parágrafo 4º, citava a proibição para as guarda municipais do porte de arma de fogo de calibre restrito, privativo das forças policiais e das forças armadas. Em seu art. 11, encontrávamos a definição de arma de fogo de uso restrito: "aquela de uso exclusivo das Forças Armadas, de instituições de segurança pública e de pessoas físicas e jurídicas habilitadas, devidamente autorizadas pelo Comando do Exército, de acordo com legislação específica" (Brasil, 2004).

Contudo, com a entrada em vigor do Estatuto Geral das Guardas Municipais (Lei n. 13.022/2014), entendemos que essa restrição está tacitamente revogada, uma vez que contraria a nova norma vigente, que goza de superioridade sobre aquele decreto, segundo o princípio da hierarquia das leis, e trata as guardas municipais como instituições de segurança pública municipais e seus profissionais como agentes de segurança pública municipais, tendo como missão principal realizar o policiamento preventivo e promover a proteção sistêmica da população.

Esse entendimento lógico foi consolidado com a vigência do Decreto n. 9.847/2019, o qual, em seu art. 34, inciso XI, autorizou a aquisição de armas de fogo, munições e demais produtos de uso restrito e controlados.

Outra alteração importante advinda da edição do novo decreto regulamentador foi o prazo de vigência do porte de arma de fogo, que passou a ter validade de dez anos, contados da data de emissão.

Ainda sobre a questão do porte de arma de fogo para integrantes das guardas municipais, é importante salientar o disposto no art. 28 do Estatuto, que proíbe o porte de arma a pessoa com idade inferior a 25 (vinte e cinco) anos, exceto para os integrantes das guardas municipais das capitais e das cidades com mais de 50 mil habitantes.

Por fim, para concluir a questão das categorias de porte de arma dispostas no Estatuto do Desarmamento, encontramos ainda o porte de arma de fogo de categoria "caçador de subsistência", fornecido pela Polícia Federal ao morador rural que comprove a necessidade do uso do armamento para a subsistência alimentar de sua família, conforme mencionamos anteriormente, e o porte de trânsito de armas de fogo para competidores, colecionadores e caçadores, expedido pelo comando do Exército, devendo para tanto as armas estarem desmuniciadas durante o seu transporte.

4.2.2 Ação Direta de Inconstitucionalidade

A restrição ao porte de arma de fogo a guardas municipais e a seus servidores gerou o ajuizamento de algumas Ações Diretas de Inconstitucionalidades (ADI), entre elas, a ADI 5538 e a ADI 5948, que destacamos em razão da decisão monocrática do Ministro Alexandre de Moraes, quem, em 29 de junho de 2018, julgou parcialmente procedente o pedido formulado, afastando, assim, até trânsito em julgado, a aplicabilidade dos termos restritivos impostos às guardas municipais das cidades com menos de 500 mil habitantes e das regiões metropolitanas.

> *Diante do exposto, nos termos dos arts. 10, § 3º, da Lei 9.868/99 e 21, V, do RISTF, CONCEDO A MEDIDA CAUTELAR PLEITEADA, ad referendum do Plenário, DETERMINANDO A IMEDIATA SUSPENSÃO DA EFICÁCIA das expressões* **das capitais dos Estados e com mais de 500.000 (quinhentos mil) habitantes**, *no inciso III, bem como o inciso IV, ambos do art. 6º da* **Lei Federal nº 10.826/2003.**
>
> *Intimem-se o Presidente da República e o Congresso Nacional para ciência e cumprimento desta decisão, bem como para fornecer informações pertinentes, no prazo máximo de 10 (dez) dias. Após este prazo, dê-se vista ao Advogado-Geral da União e ao Procurador-Geral da República, sucessivamente, no prazo de 5 (cinco) dias,*

> *para que cada qual se manifeste na forma do art. 12 da Lei 9.868/99.*
>
> *Nos termos do art. 21, V, do Regimento Interno do Supremo Tribunal Federal, peço dia para julgamento, pelo Plenário, do referendo da medida ora concedida.* (Brasil, 2018b, p. 16, grifo do original)

Dessa feita, com a liminar concedida, ficou afastada a eficácia das expressões restritivas ao porte de arma de fogo para as demais guardas municipais, permanecendo o inciso III do art. 6º da Lei n. 10.826/2003 em vigor com a seguinte redação:

> *Art. 6º É proibido o porte de arma de fogo em todo o território nacional, salvo para os casos previstos em legislação própria e para:*
>
> *[...]*
>
> *III – os integrantes das guardas municipais das capitais dos Estados e dos Municípios com mais de 500.000 (quinhentos mil) habitantes, nas condições estabelecidas no regulamento desta Lei;* (Brasil, 2003b)

Como a matéria encontra-se em análise no Supremo Tribunal Federal, sem julgamento de seu mérito, e não entrou em vigor legislação nova que altere esse entendimento, é solene dizer que, atualmente, todas as guardas municipais, independentemente da quantidade populacional, podem trabalhar armadas, desde que cumpridos os requisitos impostos pelo Estatuto do Desarmamento, como criação de órgãos de controle interno e externo, formação e capacitação do corpo funcional conforme matriz curricular da Senasp, convênio celebrado com a polícia federal, entre outros itens já destacados.

4.2.3 Capacitação técnica e aptidão psicológica para o porte de arma de fogo

A questão da capacidade técnica e da aptidão psicológica das guardas municipais das capitais e das cidades com mais de 50 mil habitantes para o manuseio de armas de fogo, prevista no Estatuto do Desarmamento, está regulamentada no art. 29 do Decreto n. 9.847/2019.

O artigo determina que a própria instituição deve atestar tanto a capacidade técnica quanto a aptidão psicológica do guarda municipal depois de cumpridos os requisitos técnicos e psicológicos estabelecidos pela Polícia Federal.

Em seu art. 12, inciso V, o decreto em vigor menciona que deve ser comprovada, "periodicamente, a capacidade técnica para o manuseio da arma de fogo" (Brasil, 2019a). Contudo, essa periodicidade não é determinada, devendo-se, assim, compreendê-la como período não inferior a três anos, como define a regra geral estabelecida no art. 5º, § 2º, da Lei n. 10.826/2003.

4.2.4 Regulamento interno

O Decreto n. 9.847/2019, que regulamenta o Estatuto do Desarmamento, em seu art. 26, trata da necessidade de criar um instrumento normativo interno nas guardas municipais a fim de estabelecer protocolos próprios relativos às condições para a utilização das armas de fogo institucionais, inclusive fora do serviço.

De forma específica, as guardas municipais que têm apenas a autorização para o uso da arma de fogo por parte dos seus integrantes quando estiverem em serviço, segundo o decreto, devem estabelecer, em suas normas próprias, procedimentos relativos às condições para a utilização do referido armamento em serviço.

As guardas municipais das capitais e das cidades com mais de 500 mil habitantes, por sua vez, devem disciplinar normas gerais para o uso de arma de fogo particular, fora do serviço, em especial quando se tratar de locais onde haja aglomeração de pessoas, tais como igrejas, escolas, estádios desportivos, clubes e espaços públicos ou privados em virtude de evento de qualquer natureza.

O Estatuto do Desarmamento determina que a pessoa que tenha o direito ao porte de arma de fogo na categoria de defesa pessoal e que seja detida ou abordada portando a referida arma em estado de embriaguez ou sob o efeito de substâncias químicas ou alucinógenas deve perder automaticamente o direito ao porte.

Muito embora essa não seja uma norma específica das guardas municipais, ela pode perfeitamente ser implantada nos procedimentos internos, uma vez que sua intenção é justamente a defesa da sociedade e, de certo modo, a proteção tanto da imagem institucional quanto do próprio servidor autorizado ao uso do armamento.

O antigo decreto que regulamentava a Lei. 10.826/2003, em seu art. 43, determinava que sempre que o servidor da Guarda Municipal estiver envolvido em evento de disparo de arma de fogo em via pública, com ou sem vítimas, ele deve obrigatoriamente apresentar um relatório circunstanciado ao seu comando e ao órgão corregedor, a fim de justificar o motivo da utilização da arma de fogo. Essa determinação deve constar no instrumento normativo interno a ser criado pela corporação, mesmo que não tenha sido mencionada no novo decreto regulamentador, uma vez que, embora não mais obrigatória, não deixa de ser uma importante medida de controle a se implantar e preservar.

Considerando a autorização do porte particular de arma de fogo aos servidores das guardas municipais conforme disposto no Estatuto do Desarmamento, é prudente que as guardas municipais, ao regimentar as questões relacionadas a porte, manuseio, guarda, registro, condução e utilização do armamento, procurem também elaborar regras próprias a fim de manter o controle, por meio de cadastro interno, tanto do armamento institucional quanto do armamento particular do servidor, uma vez que, em regra, o porte está vinculado diretamente à condição funcional do guarda municipal. Essa orientação consta de maneira implícita no inciso II do art. 2º do Decreto n. 9.847/2019, os quais mencionam a necessidade do registro próprio, em documentos oficiais de caráter permanente, das armas de fogo institucionais.

Com a entrada em vigor da Lei n. 11.340/2006, a Lei Maria da Penha, de que trataremos em específico mais adiante, novas orientações vieram a fazer parte do arcabouço jurídico em relação às guardas municipais, buscando coibir a violência doméstica e familiar contra a mulher.

Conforme determina o art. 22 da Lei Maria da Penha, ao ser constatada a prática de violência doméstica e familiar contra a mulher, o juiz poderá aplicar, de imediato, a suspensão da posse ou a restrição do porte de armas do agressor, comunicando assim o órgão competente. Caso seja integrante da Guarda Municipal, o juiz comunicará diretamente a respectiva corporação, informando quais foram as medidas protetivas de urgência concedidas e determinando a restrição do porte de armas do agressor. Após a comunicação oficial, o superior imediato do guarda municipal agressor deverá dar cumprimento à determinação judicial, sob pena de incorrer nos crimes de prevaricação ou de desobediência.

Concomitante com a norma jurídica, há ainda a agregar ao Estatuto do Desarmamento, em relação às guardas municipais, um mandamento legal inserido no Estatuto Geral das Guardas Municipais, que, em seu art. 16, parágrafo único, prevê a possibilidade da suspensão provisória do porte de arma em razão de restrição médica, decisão judicial ou justificativa da adoção da medida pelo respectivo dirigente.

Por fim, com relação à normatização e à criação de um instrumento específico para controle do porte de arma de fogo pelas guardas municipais, um fato novo merece destaque. Como as recomendações citadas eram esparsas e exigiam uma normatização própria, por meio do Estatuto Geral das Guardas Municipais, foi criada a obrigatoriedade de se colocar em prática em todas as guardas municipais e não somente nas que utilizam arma de fogo, um instrumento que possa servir como regulamento interno.

Desse modo, no art. 14 do Estatuto Geral das Guardas Municipais, há a determinação legal para a criação de um código de conduta próprio, ficando proibida a sujeição das guardas municipais a regulamentos disciplinares de natureza militar e devendo os demais itens comentados anteriormente ser adequados à nova regra e incluídos nesse código.

4.2.5 Doação de armas de fogo

É competência da Polícia Federal fiscalizar e controlar o armamento e a munição utilizados pelas guardas municipais. Quem autoriza a aquisição de armamento, munição, insumos e máquina de recarga de munição para o fim exclusivo de suprimento das guardas municipais, por sua vez, é o comando do Exército.

No que toca à doação de armas de fogo, inicialmente, a Lei n. 10.826/2003 não autorizava a doação das armas apreendidas, porém, com a nova redação dada ao art. 25 pela Lei n. 11.706, de 19 de junho de 2008, as armas apreendidas, após a elaboração de laudo pericial e sua juntada aos autos, quando não mais interessarem à persecução penal, podem vir a ser objeto de doação aos órgãos de segurança pública, na forma do regulamento da referida lei.

Conforme o novo texto da lei, as armas de fogo apreendidas, após terem sido encaminhadas ao comando do Exército e recebido parecer favorável à doação, desde que tenham sido obedecidos o padrão e a dotação do órgão de segurança pública, serão arroladas em relatório reservado trimestral a ser encaminhado às instituições de segurança pública, sendo aberto para elas prazo para manifestação de interesse.

Por fim, o comando do Exército deverá encaminhar a relação das armas a serem doadas ao juiz competente, o qual determinará o seu perdimento em favor da instituição que manifestou interesse sobre o referido armamento.

Com a redação dada pelo art. 45 do novo regulamento (Decreto n. 9.847/2019), as armas apreendidas passaram a ter uma destinação mais coerente, já que podem ser doadas à instituição que realizou a apreensão ou aos demais órgãos de segurança pública e Forças Armadas. Havendo interesse, a instituição deve encaminhar uma petição ao Ministério da Justiça e Segurança ou ao Comando do Exército comprovando a necessidade de destinação do armamento, bem como sua adequação ao padrão estabelecido para o órgão.

4.3 Formação profissional do guarda municipal

Tratando especialmente do parágrafo 3º, do art. 6º da Lei n. 10.826/2003, vamos agora discorrer sobre a formação funcional do guarda municipal, ressaltando que, com a entrada em vigor da Lei Maria da Penha e do Estatuto Geral das Guardas Municipais, houve alterações e acréscimos na legislação sobre o assunto.

Ao condicionar a autorização para o porte de arma de fogo à formação funcional de seus integrantes exclusivamente em estabelecimento de ensino de atividade policial, procurou-se evitar o risco de formações desenfreadas, sem critérios mínimos para a atividade de agente de segurança pública.

Assim, a regulamentação à formação do profissional da guarda municipal já estava prevista no revogado Decreto n. 5.123/2004, em seus arts. 40 e 42, bem como em normas específicas (das quais trataremos mais adiante) feitas pela Lei n. 11.340/2006, art. 8º, inciso VII, pela Lei n. 13.022/2014, arts. 3º, 11 e 12, e pela Lei n. 13.060, de 22 de dezembro de 2014 (Brasil, 2014c), art. 3º, sobre a capacitação para o uso de instrumentos não letais.

> *O curso de formação Técnico-Profissional de um guarda municipal, muito embora seja oneroso, é necessário, pois, a formação do profissional é que irá moldá-lo para uma prestação de serviço de excelência. Convém lembrar que a atividade primordial da Segurança Pública está baseada na proteção dos direitos e garantias fundamentais da pessoa humana. Colocar nas ruas profissionais precariamente preparados na área de segurança torna-se tão perigoso quanto deixar a população à mercê da criminalidade.*
>
> *Partindo deste princípio, deve-se prover uma formação para os guardas municipais, assemelhada às demais instituições de Segurança Pública do país, visando um resultado positivo e satisfatório.* (Carvalho, 2011b, p. 204)

De tal modo, ao renovar o regulamento do Estatuto do Desarmamento, nos arts. 29-A, 29-B e 29-C do Decreto n. 9.847/2019, o texto legal passou a tratar da questão do curso de formação dos guardas municipais.

Segundo o referido decreto regulamentador:

> Art. 29-A. A Polícia Federal, diretamente ou por meio de convênio com os órgãos de segurança pública dos Estados, do Distrito Federal e dos Municípios, nos termos do disposto no

> § 3º do art. 6º da Lei nº 10.826, de 2003, e observada a supervisão do Ministério da Justiça e Segurança Pública:
>
> I – estabelecerá o currículo da disciplina de armamento e tiro dos cursos de formação das guardas municipais;
>
> [...]
>
> III – fiscalizará os cursos de formação para assegurar o cumprimento do currículo da disciplina a que se refere o inciso I.
>
> (Brasil, 2019a)

Seguindo o disposto no Estatuto Geral das Guardas Municipais e em respeito à hierarquia das leis, o art. 29-A passou a regulamentar o texto legal da Lei n. 13.022/2014. Vejamos o que diz o Estatuto Geral dos Guardas Municipais:

> Art. 11. O exercício das atribuições dos cargos da guarda municipal requer **capacitação específica, com matriz curricular** compatível com suas atividades.
>
> Parágrafo único. Para fins do disposto no caput, poderá ser adaptada a matriz curricular nacional para formação em segurança pública, elaborada pela Secretaria Nacional de Segurança Pública (Senasp) do Ministério da Justiça.
>
> Art. 12. É **facultada ao Município a criação de órgão de formação**, treinamento e aperfeiçoamento dos integrantes da guarda municipal, tendo como princípios norteadores os mencionados no art. 3º.
>
> § 1º **Os Municípios poderão** firmar convênios ou **consorciar-se**, visando ao atendimento do disposto no caput deste artigo.
>
> § 2º **O Estado poderá**, mediante convênio com os Municípios interessados, manter **órgão de formação e aperfeiçoamento centralizado**, em cujo conselho gestor seja assegurada a participação dos Municípios conveniados.

> § 3° O **órgão referido no § 2° não pode** ser o **mesmo destinado a formação**, treinamento ou aperfeiçoamento **de forças militares**. (Brasil, 2014b, grifo nosso)

Assim, seguindo o disposto no art. 11 da Lei n. 13.022/2014 e no inciso III do art. 29-A do Decreto n. 9.847/2019, a Polícia Federal continuou tendo a competência de fixar e fiscalizar os cursos de formação dos guardas municipais, porém agora limitando essa atribuição à disciplina de armamento e tiro, e não mais ao curso de formação por inteiro, uma vez que o regulamento geral das guardas municipais fixou como base a matriz curricular nacional para formação em segurança pública, elaborada pela Secretária Nacional de Segurança Pública (Senasp).

Cabe ressaltar que, no ano de 2005, o Ministério da Justiça, por meio da Senasp, elaborou e publicou a matriz curricular nacional para a formação de guardas municipais (Brasil, 2005); devendo, assim, o conteúdo desse documento ser aplicado na formação e na qualificação dos guardas municipais.

Em relação à formação, ao treinamento e ao aperfeiçoamento dos guardas municipais, o Decreto n. 9.847/2019, prevê que:

> Art. 29-B. A formação de guardas municipais poderá ocorrer somente em:
>
> I – estabelecimento de ensino de atividade policial;
>
> II – órgão municipal para formação, treinamento e aperfeiçoamento de integrantes da guarda municipal;
>
> III – órgão de formação criado e mantido por Municípios consorciados para treinamento e aperfeiçoamento dos integrantes da guarda municipal; ou
>
> IV – órgão estadual centralizado e conveniado a seus Municípios, para formação e aperfeiçoamento de guardas

> municipais, no qual seja assegurada a participação dos municípios conveniados no conselho gestor. (Brasil, 2019a)

Em verdade, esse texto reprisou o disposto no art. 12 do Estatuto Geral das Guardas Municipais, facultando aos municípios a possibilidade de criar órgão de formação, treinamento e aperfeiçoamento, devendo, para tanto, manter os **princípios norteadores da função de guarda municipal** descritos no art. 3º, quais sejam:

> Art. 3º são princípios mínimos de atuação das guardas municipais:
> I – proteção dos direitos humanos fundamentais, do exercício da cidadania e das liberdades públicas;
> II – preservação da vida, redução do sofrimento e diminuição das perdas
> III – patrulhamento preventivo;
> IV – compromisso com a evolução social da comunidade; e
> V – uso progressivo da força. (Brasil, 2014b)

O citado texto legal autoriza os munícipios a firmarem convênios ou até a consorciarem-se com outros municípios para a criação de órgão coletivo de formação, treinamento e aperfeiçoamento das guardas municipais. Além disso, autoriza que os municípios firmem convênio com o estado a fim de manter órgão de formação e aperfeiçoamento centralizado, desde que não seja o mesmo utilizado para formação, treinamento e aperfeiçoamento da força militar estadual.

A esse respeito, o entendimento da Polícia Federal tem sido pacífico no sentido de efetivamente reconhecer somente os cursos de formação realizados nas escolas de formação de guardas municipais, criados e destinados exclusivamente para esse fim.

Para que haja a concessão ao guarda municipal por parte da Polícia Federal, conforme norma estatutária, encontramos como critério condicionante a capacitação desse profissional, devendo ser comprovada a realização de treinamento técnico de no mínimo 60 horas/aula de arma de repetição para habilitar ao uso do revólver e da espingarda; para utilizar a pistola, o guarda municipal deverá realizar um curso com carga horária mínima de 100 horas/aula, na modalidade de arma semiautomática. Em ambas as situações, o curso deve ter no mínimo 65% de parte prática.

4.3.1 Estágio de qualificação profissional

Ao regulamentar o Estatuto do Desarmamento, o Poder Público inovou e ampliou sua interpretação em relação ao quesito da formação funcional dos integrantes da guarda municipal, considerando o ensino continuado como extensão da capacitação profissional.

O agente de segurança pública, independentemente da instituição a que pertença, é um dos poucos profissionais que somente estará apto para o exercício da sua função após ter sido formado, capacitado e preparado efetivamente. Mesmo estando formado e exercendo suas atribuições normais, esse profissional ainda deverá aperfeiçoar-se e qualificar-se dia a dia.

Por mais que, de maneira explícita, não esteja descrita no corpo da Lei n. 10.826/2003 a exigência do ensino continuado, nos termos do art. 29-C do Decreto n. 9.847/2019, o estágio de qualificação profissional pode ser considerado uma modalidade continuada da formação do profissional da guarda municipal. Vejamos o que diz o decreto:

> Art. 29-C. O porte de arma de fogo aos integrantes das instituições de que tratam os incisos III e IV do caput do art. 6º da Lei nº 10.826, de 2003, será concedido somente mediante comprovação de treinamento técnico de, no mínimo:
>
> I – sessenta horas, para armas de repetição; e
>
> II – cem horas, para arma de fogo semiautomática.

> § 1º O treinamento de que trata o caput destinará, no mínimo, sessenta e cinco por cento de sua carga horária ao conteúdo prático.
>
> § 2º O curso de formação dos profissionais das guardas municipais de que trata o art. 29-A conterá técnicas de tiro defensivo e de defesa pessoal.
>
> § 3º Os profissionais das guardas municipais com porte de arma de fogo serão submetidos a estágio de qualificação profissional por, no mínimo, oitenta horas anuais. (Brasil, 2019a)

Com isso, o estágio de qualificação profissional possibilita ao administrador capacitar, acompanhar e fiscalizar o seu corpo de profissionais, diminuindo, assim, o risco de falhas no cumprimento do dever legal e aumentando a qualidade na prestação do serviço.

Seguindo a mesma linha de entendimento, destacamos a concepção da Senasp, cujos representantes, ao participarem do Encontro das Guardas Municipais do Brasil, realizado no Estado de São Paulo, durante a elaboração do *Manual de Referência para Estruturação das Guardas Municipais*, deixaram consignada a seguinte afirmação:

> *A informação e o conhecimento científico são tão dinâmicos quanto a própria humanidade. Um estudo feito pela Universidade de Harvard, apontou que um profissional com mais de dois anos sem participar de cursos de capacitação, atualização profissional ou de aperfeiçoamento estarão tecnicamente inaptos para exercerem suas funções [sic].*
>
> *Por esta razão as atividades de capacitação e aperfeiçoamento se tornam tão importantes quanto a própria formação do indivíduo que o manterá, técnico, humano e politicamente atualizado.*
>
> *É imperativo que as Guardas Municipais conceituem como parte de suas atividades anuais, seus planos de*

aperfeiçoamento, reciclagem e capacitação de seus efetivos, como forma de explorar as potencialidades infinitas reservadas em cada ser humano, permitindo assim estimular, motivar e entusiasmar a vocação de servir em cada Guarda Municipal. (Senasp, citada por Carvalho, 2011b, p. 233)

A formação continuada das guardas municipais não encontra amparo legal efetivo apenas no Estatuto do Desarmamento. A Lei Maria da Penha (Lei n. 11.340/2006), em seu art. 8°, inciso VII, tratou da obrigatoriedade de inserir no currículo da capacitação permanente dos integrantes das guardas municipais, entre outros profissionais da segurança pública, as questões relacionadas a gênero, raça ou etnia, como forma de capacitar o profissional para coibir a violência doméstica e familiar contra a mulher.

A Lei n. 13.060/2014 também veio a acrescer tanto à grade curricular de formação quanto à de capacitação dos agentes de segurança pública com a obrigatoriedade da implantação de conteúdo programático que habilite os profissionais de segurança ao uso dos instrumentos não letais.

Por fim, para efetivamente consolidar a exigência legal da formação continuada, a Lei n. 13.022/2014, em seu art. 12, descreve a necessidade de manter, além da formação, o treinamento e o aperfeiçoamento dos integrantes da guarda municipal.

4.4 Órgãos de controle

No Estatuto do Desarmamento, art. 6°, parágrafo 3°, encontramos a exigência legal da instalação de órgãos ouvidoria e de corregedoria como mecanismos de fiscalização e de controle interno e como condição fundamental para autorizar o porte de arma aos integrantes das guardas municipais.

Inicialmente, o decreto regulamentador tratava da obrigatoriedade da criação de uma corregedoria própria e autônoma para apurar as infrações disciplinares atribuídas aos guardas municipais e de uma ouvidoria permanente, autônoma e independente com competência para fiscalizar, auditorar e propor políticas de qualificação das atividades desenvolvidas pelos guardas municipais.

Entretanto, o posterior Estatuto Geral das Guardas Municipais, em seu art. 13, trata da matéria com mais propriedade, criando novas regras a serem aplicadas. Vejamos o que diz o texto legal:

> Art. 13. O funcionamento das guardas municipais será acompanhado por órgãos próprios, permanentes, autônomos e com atribuições de fiscalização, investigação e auditoria, mediante:
>
> I – controle interno, exercido por corregedoria, naquelas com efetivo superior a 50 (cinquenta) servidores da guarda e em todas as que utilizam arma de fogo, para apurar as infrações disciplinares atribuídas aos integrantes de seu quadro; e
> II – controle externo, exercido por ouvidoria, independente em relação à direção da respectiva guarda, qualquer que seja o número de servidores da guarda municipal, para receber, examinar e encaminhar reclamações, sugestões, elogios e denúncias acerca da conduta de seus dirigentes e integrantes e das atividades do órgão, propor soluções, oferecer recomendações e informar os resultados aos interessados, garantindo-lhes orientação, informação e resposta.
>
> § 1º O Poder Executivo municipal poderá criar órgão colegiado para exercer o controle social das atividades de segurança do Município, analisar a alocação e aplicação dos recursos públicos e monitorar os objetivos e metas da política municipal de segurança e, posteriormente, a adequação e eventual necessidade de adaptação das medidas adotadas face aos resultados obtidos.

> § 2º Os corregedores e ouvidores terão mandato cuja perda será decidida pela maioria absoluta da Câmara Municipal, fundada em razão relevante e específica prevista em lei municipal. (Brasil, 2014b)

Vamos agora analisar ambos os institutos (ouvidoria e corregedoria), considerando em especial as alterações da nova legislação e destacando a inclusão realizada pelo Decreto n. 9.847/2019.

4.4.1 Corregedoria

No Estatuto do Desarmamento, encontramos inicialmente a exigência da implantação de mecanismos de fiscalização e de controle interno; porém, ao interpretar esse texto, quando da elaboração do Decreto n. 5.123/2004 (revogado), o Poder Público federal percebeu que havia cometido um equívoco significativo, uma vez que exigira a instalação de dois órgãos para cumprir a função de um, qual seja, "fiscalização" e "controle interno".

A atribuição de fiscalizar e de manter o controle interno é, sem dúvida alguma, competência do órgão corregedor. Ao ser constatado o equívoco, considerando a importância de ambos os mecanismos, tanto de controle interno quanto de controle externo, foi referendada a existência dos dois institutos, corregedoria e ouvidoria, porém com o esmero necessário em sua diferenciação.

Com a redação dada pela Lei n. 13.022/2014, em seu art. 13, a corregedoria e a ouvidoria passaram a ser consideradas órgãos públicos próprios, permanentes, autônomos e com a atribuição genérica de fiscalizar, investigar e auditoriar.

O inciso I do citado artigo, define as competências específicas da corregedoria e estabelece as regras básicas para a sua instalação. Assim, a corregedoria passou efetivamente a ser considerada um órgão de controle interno e a sua instalação passou a ser obrigatória para todas as guardas municipais que tenham efetivo superior a 50 servidores ou que utilizam arma de fogo. Como decorrência, a corregedoria, além das atribuições descritas no *caput* do art. 13 do Estatuto do Desarmamento, passou a ser o único órgão responsável pela apuração das possíveis infrações disciplinares atribuídas aos guardas municipais.

Outra inovação do estatuto foi em relação ao exercício da função dos corregedores, que passaram assim a exercer um mandato, podendo ter a perda da função decretada pela maioria absoluta da Câmara Municipal, com base em razão relevante e específica prevista em lei, conforme menciona o parágrafo 2º do artigo em comento

Desse modo, o Decreto n. 9.847/2019, em seu art. 29-D, inciso I, reprisou o texto legal, prevendo a necessidade de existência de uma "corregedoria própria e independente para a apuração de infrações disciplinares atribuídas aos servidores integrantes da guarda municipal" (Brasil, 2019a).

4.4.2 Ouvidoria

Seguindo a mesma linha de interpretação, uma vez que a Lei n. 13.022/2014 consolidou a diferença entre controle interno e controle externo, distinguindo as funções de cada uma, a ouvidoria, que havia sido citada de maneira equivocada no Estatuto do Desarmamento e à qual foram atribuídas competências exclusivas de órgão corregedor, passou a cumprir sua finalidade principal, de acordo com os ditames da lei.

Anteriormente, o Decreto n. 5.123/2004 atribuía à ouvidoria a competência exclusiva e específica de "fiscalizar, investigar, auditorar e propor políticas de qualificação" (Brasil, 2004). Como dissemos anteriormente, com a correção feita pelo Estatuto Geral das Guardas Municipais, tanto a ouvidoria quanto a corregedoria passaram a ser consideradas órgãos públicos próprios, permanentes e autônomos, com a atribuição genérica de "fiscalizar, investigar e auditoriar", que passaram a não ser mais competência exclusiva da ouvidoria.

Outra inovação foi o reconhecimento efetivo da ouvidoria como um órgão de controle externo, com as atribuições específicas de receber, examinar e encaminhar reclamações, sugestões, elogios e denúncias, bem como propor soluções, oferecer recomendações e informar sempre os resultados aos interessados.

Outros dois aspectos importantes e inovadores do Estatuto Geral das Guardas Municipais dizem respeito à determinação de instalação da ouvidoria independentemente do número mínimo de servidores da guarda municipal e à não exclusividade do órgão às guardas municipais que trabalham armadas, ou seja, todos as guardas municipais passaram a ser obrigadas a instituir a ouvidoria.

Além disso, a norma esclareceu qual é efetivamente o grau de independência do órgão, definido como independente somente da direção da respectiva guarda municipal, ou seja, podendo – e, via de regra, devendo – pertencer à mesma pasta municipal que a Guarda Municipal, porém sem nenhum grau de subordinação a essa corporação.

Para concluir, como foi feito com o órgão corregedor, foi estabelecida como regra geral para o exercício da atividade de ouvidor que o escolhido para a função exerça um mandato cuja perda pode ser decretada pela maioria absoluta da Câmara Municipal, com base em razão relevante e específica prevista em lei. Dessa feita, o Decreto n. 9.847/2019, em seu art. 29-D, inciso II, repetiu o disposto no Estatuto Geral das Guardas Municipais, descrevendo a ouvidoria "como órgão permanente, autônomo e independente, com competência para fiscalizar, investigar, auditar e propor políticas de qualificação das atividades desenvolvidas pelos integrantes das guardas municipais" (Brasil, 2019a).

4.4.3 Órgão colegiado

Pelo fato de estarmos tratando de órgãos de controle externo e interno, vamos discorrer agora sobre a previsão legal da criação de um órgão colegiado para realizar o controle social previsto no Estatuto Geral das Guardas Municipais, como a corregedoria e a ouvidoria.

Considerando a importância da existência de um órgão colegiado exercendo o controle social sobre as atividades de segurança pública do município e que nem todas as cidades têm condições de instituir um Conselho Municipal de Segurança Pública, conforme sugere o Decreto n. 7.413, de 30 de dezembro de 2010 (Brasil, 2010b), optou-se por facultar a criação desse órgão, estabelecendo assim os seus princípios norteadores.

Dessa maneira, o município pode instituir o referido órgão colegiado, que terá como competência analisar a alocação e a aplicação dos recursos públicos e monitorar os objetivos e as metas da política municipal de segurança, sua adequação e eventual necessidade de adaptação das medidas adotadas em razão dos resultados obtidos.

Essa exigência da Lei n. 13.022/2014 não foi recepcionada pelo Decreto n. 9.847/2019; contudo, permaneceu sua previsão legal, conforme legislação específica.

Síntese

Buscamos, neste capítulo, fazer um longo e aprofundado estudo sobre as legislações federais que disciplinam a criação das guardas municipais e seu porte de armas para que o leitor tenha uma ampla noção de suas características básicas, em especial, do aspecto legal para a implantação e a utilização do armamento por essa corporação.

Por fim, tratamos dos órgãos de controle interno e externo e da formação dos profissionais da guarda municipal.

Questões para revisão

1) Na hipótese de um jovem com idade superior a 18 anos e inferior a 25 anos ingressar na guarda municipal de uma capital brasileira, considerando o Estatuto do Desarmamento, ele terá direito ao porte de arma? Justifique sua resposta.

2) Segundo o Estatuto do Desarmamento, o profissional da guarda municipal está autorizado a utilizar arma de fogo, mesmo não estando em serviço? Justifique sua resposta.

3) Assinale a alternativa que preenche corretamente a seguinte frase:
Os municípios poderão constituir guardas municipais destinadas à proteção de seus _____, _____ e _____, conforme dispuser a _____.
   a. prédios; serviços; instalações; lei federal.
   b. bens; serviços; instalações; lei estadual.
   c. bens; serviços; patrimônio; lei municipal.
   d. bens; serviços; instalações; lei.

4) Veja o que estabelece o Estatuto do Desarmamento:

> Art. 6º É proibido o porte de arma de fogo em todo o território nacional, salvo para os casos previstos em legislação própria e para:
>
> [...]

> III – os integrantes das guardas municipais das capitais dos Estados e dos Municípios com mais de 500.000 (quinhentos mil) habitantes, nas condições estabelecidas no regulamento desta lei;
>
> [...]

> § 1º As pessoas previstas nos incisos I, II, III, V e VI do caput deste artigo terão direito de portar arma de fogo de propriedade particular ou fornecida pela respectiva corporação ou instituição, mesmo fora de serviço, nos termos do regulamento desta lei, com validade em âmbito nacional para aquelas constantes dos incisos I, II, V e VI. (Brasil, 2003b)

Assinale a afirmação correta a respeito do enunciado no Estatuto do Desarmamento.

a. Os guardas municipais das capitais e das cidades com mais de 500 (quinhentos mil) habitantes têm direito ao porte de arma particular, mesmo fora de serviço.

b. Os guardas municipais das capitais e das cidades com mais de 500 (quinhentos mil) habitantes têm direito ao porte de arma particular somente em serviço.

c. Os guardas municipais das capitais e das cidades com mais de 500 (quinhentos mil) habitantes têm direito somente ao porte de arma institucional, mesmo fora de serviço.

d. Os guardas municipais das capitais e das cidades com mais de 500 (quinhentos mil) habitantes têm o direito ao porte de arma institucional somente em serviço.

5) Comparando o disposto sobre o porte de arma para as guardas municipais no art. 6º do Estatuto do Desarmamento e na Liminar Concedida nas ADI 5538 e 5948 pelo Ministro Alexandre de Moraes, assinale a alternativa correta:

> Art. 6 É proibido o porte de arma de fogo em todo o território nacional, salvo para os casos previstos em legislação própria e para:
>
> [...]
>
> III – os integrantes das guardas municipais das capitais dos Estados e dos Municípios com mais de 500.000 (quinhentos

> mil) habitantes, nas condições estabelecidas no regulamento desta Lei;
>
> IV – os integrantes das guardas municipais dos Municípios com mais de 50.000 (cinquenta mil) e menos de 500.000 (quinhentos mil) habitantes, quando em serviço;
>
> [...]
>
> § 7º Aos integrantes das guardas municipais dos Municípios que integram regiões metropolitanas será autorizado porte de arma de fogo, quando em serviço. (Brasil, 2003b)

> Diante do exposto, nos termos dos arts. 10, § 3º, da Lei 9.868/99 e 21, V, do RISTF, CONCEDO A MEDIDA CAUTELAR PLEITEADA, *ad referendum* do Plenário, DETERMINANDO A IMEDIATA SUSPENSÃO DA EFICÁCIA das expressões **das capitais dos Estados e com mais de 500.000 (quinhentos mil) habitantes**, no inciso III, bem como o inciso IV, ambos do art. 6º da **Lei Federal nº 10.826/2003**.
>
> Intimem-se o Presidente da República e o Congresso Nacional para ciência e cumprimento desta decisão, bem como para fornecer informações pertinentes, no prazo máximo de 10 (dez) dias. Após este prazo, dê-se vista ao Advogado-Geral da União e ao Procurador-Geral da República, sucessivamente, no prazo de 5 (cinco) dias, para que cada qual se manifeste na forma do art. 12 da Lei 9.868/99.
>
> Nos termos do art. 21, V, do Regimento Interno do Supremo Tribunal Federal, peço dia para julgamento, pelo Plenário, do referendo da medida ora concedida. (Brasil, 2018b, p. 16, grifo do original)

Assinale a afirmação correta a respeito dos textos citados.

a. É correto afirmar que a guarda municipal de uma cidade com menos de 50 mil habitantes pode armar seu corpo funcional, desde que atendidas as regras gerais do Estatuto do Desarmamento.

b. É correto afirmar que a guarda municipal de uma cidade com menos de 50 mil habitantes não pode armar seu efetivo operacional, mesmo que cumpridos os requisitos do Estatuto do Desarmamento.

c. É correto afirmar que a guarda municipal de uma cidade com mais de 50 mil habitantes pode armar seu corpo funcional, não sendo necessário atender às regras gerais do Estatuto do Desarmamento.

d. É correto afirmar que a guarda municipal de uma cidade com mais de 500 mil habitantes pode armar seu corpo operacional, não sendo necessário atender às regras gerais do Estatuto do Desarmamento.

Questões para reflexão

1) O Estatuto do Desarmamento criou regras rígidas e necessárias para as guardas municipais, mas limitou o porte de arma de seu efetivo usando como critério fundamental a relação com a quantidade populacional do município. Você concorda com esse critério de limitação?

2) A Constituição Federal, ao delegar aos municípios a faculdade de instituir suas guardas municipais, conferiu a municipalidade ao poder de polícia frente às ações de segurança pública?

Para saber mais

BRASIL. Ministério da Justiça. Secretaria Nacional de Segurança Pública. **Matriz curricular nacional para guardas municipais**: para a formação em segurança pública. Brasília, 2005. Disponível em: <http://www.justica.gov.br/sua-seguranca/seguranca-publica/senasp-1/matrizcurriculargurdasmunicipais2005.pdf>. Acesso em: 28 mar. 2017.

A Matriz curricular nacional para a formação das guardas municipais serve de guia para orientar a atuação das guardas municipais no exercício de suas funções.

BRASIL. Senado Federal. Projeto de Lei n. 547, de 2015. Altera a Lei n. 11.340, de 7 de agosto de 2006 (Lei Maria da Penha), para instituir o programa Patrulha Maria da Penha. 19 ago. 2015. Disponível em: <http://www25.senado.leg.br/web/atividade/materias/-/materia/122758>. Acesso em: 29 mar. 2017.

O texto do projeto de lei estabelece as regras para a instituição da Patrulha Maria da Penha em outas localidades do Brasil.

Consultando a legislação

BRASIL. Constituição (1988). **Diário Oficial da União**, Brasília, DF, 5 out. 1988. Disponível em: <http://www.planalto.gov.br/ccivil_03/Constituicao/Constituicao.htm>. Acesso em: 24 mar. 2017.

BRASIL. Lei n. 10.826, de 22 de dezembro de 2003. **Diário Oficial da União**, Poder Legislativo, Brasília, DF, 23 dez. 2003. Disponível em: <http://www.planalto.gov.br/ccivil_03/leis/2003/L10.826.htm>. Acesso em: 28 mar. 2017.

BRASIL. Decreto n. 5.123, de 1º de julho de 2004. **Diário Oficial da União**, Poder Executivo, Brasília, DF, 2 jul. 2004. Disponível em: <http://www.planalto.gov.br/ccivil_03/_ato2004-2006/2004/decreto/d5123.htm>. Acesso em: 28 mar. 2017.

BRASIL. Lei n. 11.340, de 7 de agosto de 2006. **Diário Oficial da União**, Poder Legislativo, Brasília, DF, 8 ago. 2006. Disponível em: <http://www.planalto.gov.br/ccivil_03/_ato2004-2006/2006/lei/l11340.htm>. Acesso em: 28 mar. 2017.

BRASIL. Lei n. 12.066, de 29 de outubro de 2009. **Diário Oficial da União**, Poder Legislativo, Brasília, DF, 30 out. 2009. Disponível em: <http://www.planalto.gov.br/ccivil_03/_Ato2007-2010/2009/lei/L12066.htm>. Acesso em: 29 mar. 2017.

BRASIL. Lei n. 13.022, de 8 de agosto de 2014. **Diário Oficial da União**, Poder Legislativo, Brasília, DF, 11 ago. 2014. Disponível em: <http://www.planalto.gov.br/ccivil_03/_ato2011-2014/2014/lei/l13022.htm>. Acesso em: 28 mar. 2017.

V

Conteúdos do capítulo:

» Aspectos jurídicos da Guarda Municipal no âmbito da Lei Maria da Penha.
» Lei que institui o Dia da Guarda Municipal.
» Aspectos jurídicos da Guarda Municipal no âmbito do Estatuto Geral das Guardas Municipais.

Após o estudo deste capítulo, você será capaz de:

1. discernir as competências das guardas municipais e sua efetiva aplicação de ações de segurança pública municipal;
2. reconhecer o significado extensivo do trecho "mecanismos para coibir a violência doméstica e familiar contra a mulher" e a aplicação do contingente das guardas municipais nessa ação de prevenção terciária;
3. entender um pouco mais sobre a história da guarda municipal e sobre a escolha de uma data comemorativa para essa instituição;
4. perceber de forma integral as peculiaridades relacionadas ao Estatuto Geral das Guardas Municipais e à sua aplicação.

5.1 Lei Maria da Penha

Como mencionamos nos comentários alusivos ao Estatuto do Desarmamento, a Lei n. 11.340, de 7 de agosto de 2006 (Brasil, 2006b), conhecida como **Lei Maria da Penha**, criou mecanismos para coibir a violência doméstica e familiar contra a mulher e, consequentemente, legislou sobre a atuação dos órgãos de segurança pública em relação às adoções de medidas preventivas e à possibilidade de integrante das instituições policiais se envolverem em ocorrências familiares dessa natureza.

Entre as medidas de **prevenção terciária** – conjunto de ações que visam a uma rápida e melhor reintegração do indivíduo na sociedade – criadas pela Lei Maria da Penha, há, no art. 8º, a possibilidade da execução de medidas integradas por meio da implantação de políticas públicas e de ações a serem desenvolvidas em conjunto pelos entes federados e os poderes públicos constituídos.

No inciso I do art. 8º, encontramos a autorização para que seja realizada a integração operacional do Poder Judiciário, do Ministério Público e da Defensoria Pública com as instituições que operam na área de segurança pública, visando à implantação de estratégias de prevenção centradas em ações dirigidas tanto às pessoas que já praticaram atos de violência – a fim de evitar que elas reincidam nessas práticas – quanto às pessoas que foram vítimas dessas violências – a fim de evitar que elas as sofram novamente –, promovendo o tratamento, a reabilitação e a reintegração familiar, profissional e social de ambas.

O governo do Estado do Rio Grande do Sul, de forma pioneira, por meio da Brigada Militar e de demais organismos estaduais, firmou parceria com o Poder Judiciário estadual visando a dar cumprimento às medidas protetivas impostas aos infratores. Assim, os profissionais da segurança pública, por meio de visitas de monitoramento e acompanhamento, conseguiram diminuir de maneira significativa os crimes contra a mulher e aumentar a segurança das vítimas, de seus familiares e até mesmo da localidade em que residem.

Seguindo esse exemplo, Curitiba implantou a primeira Patrulha Maria da Penha, uma integração entre o município de Curitiba, por meio da Guarda Municipal e da Secretaria Municipal da Mulher, e o Governo do Estado do Paraná, por meio da Delegacia da Mulher e do Tribunal de Justiça do Estado do Paraná, com a Coordenadoria Estadual da Mulher em Situação de Violência Doméstica e Familiar e o Juizado de Violência Doméstica e Familiar Contra a Mulher.

Esse modelo de sucesso, que foi idealizado inicialmente pela Tenente-Coronel Nádia Gerhard, da Brigada Militar do Rio Grande do Sul, ao ser adaptado às ações municipais, acabou servindo como espelho para a elaboração do Projeto de Lei do Senado n. 547 (Brasil, 2015), a fim de alterar e incluir na Lei Maria da Penha a institucionalização da Patrulha Maria da Penha, em âmbito estadual e municipal.

Além dessa iniciativa, originária do art. 8º da Lei Maria da Penha e que agora se tornou um projeto de inclusão de mais um instrumento a ser utilizado em favor do cumprimento e do acompanhamento de medidas protetivas, há mais dois pontos importantes da presente legislação que estão diretamente vinculados às ações da guarda municipal.

O primeiro se refere à capacitação do profissional da guarda municipal, que deve primar pela habilitação permanente quanto às questões de gênero e de raça ou etnia, conforme mencionamos no Capítulo 4, Seção 4.3.1, "Estágio de qualificação profissional".

O segundo ponto importante também já foi objeto de estudo no Capítulo 4, Seção 4.2.3, "Regulamento interno": ao constatar violência doméstica, o guarda municipal deve seguir o estabelecido no art. 22 da Lei Maria da Penha, que define as medidas protetivas de urgência a serem aplicadas, entre elas a suspensão ou a restrição do porte de arma do agressor.

5.2 O Dia da Guarda Municipal

Em Curitiba, quando da realização do III Congresso Nacional de Guardas Municipais, em 17 e 18 de setembro de 1992, foi redigida a *Carta de Curitiba*. Nesse documento, entre outras medidas elencadas, foi consignada a data em que deveria ser comemorado a Data Nacional das Guardas Municipais, em alusão à Lei de 10 de outubro de 1831 (Brasil, 1831c).

No decorrer do evento, essa lei imperial foi apresentada por um dos palestrantes como a que deu origem às guardas municipais no Brasil. Por muito tempo, essa afirmação permaneceu uma verdade absoluta. Durante o trâmite legislativo da matéria, não houve preocupação em confirmar tal informação e, no ano de 2009, entrou em vigor a Lei n. 12.066, de 29 de outubro de 2009 (Brasil, 2009b), instituindo o Dia da Guarda Municipal, a ser comemorado no dia 10 de outubro.

Com a velocidade da tecnologia, os documentos públicos de outrora, que eram de difícil acesso e manuseio, acabaram rapidamente digitalizados e disponibilizados para consulta virtual, o que, de certo modo, auxiliou muito as pesquisas e se tornou a chave principal para reescrever a história de forma mais segura.

Assim, foi possível constatar e comprovar, por meio de documentos da época, que, com a abdicação de D. Pedro I, o Brasil passou a viver um momento de instabilidade muito grande. A então Guarda Real de Polícia se revoltou contra a Regência Trina Provisória, momento em que a citada regência criou, pela primeira vez, as guardas municipais, na data de 14 de junho de 1831 (Brasil, 1831b).

O que gerou muita dúvida entre os pesquisadores foi o fato de que, em 18 de agosto de 1831, entrou em vigor a lei que criou a Guarda Nacional (Brasil, 1831d) e, no mesmo ato, extinguiu as guardas municipais. Esse elo ficou perdido por muito tempo, sem amparo legal, o que tornou impossível estabelecer a data correta da criação da instituição.

Outro fato curioso que ocorreu no período entre a criação das guardas municipais em 14 de junho, a extinção delas em 18 de agosto e a recriação em 10 de outubro do mesmo ano, foi que, no dia 7 de outubro de 1831, conforme decreto imperial, o primeiro guarda municipal foi morto em combate durante a revolta dos ex-integrantes da Guarda Real de Polícia na Ilha das Cobras.

Desse modo, como na época não foi possível precisar a data da primeira criação das guardas municipais, ficou convalidado o dia 10 de outubro como o Dia da Guarda Municipal.

Independentemente da data, essa é uma homenagem importante para a instituição bicentenária, que, por meio de seus profissionais, ajudou a escrever a história da nação brasileira.

5.3 O Estatuto Geral das Guardas Municipais

Com a entrada em vigor da Lei n. 13.022, 8 de agosto de 2014, foi instituído, em todo o território nacional, o Estatuto Geral das Guardas Municipais, legislação que passou a regulamentar a atuação das guardas municipais, criando uma identidade própria para elas.

A autonomia municipal em relação à segurança pública, conforme tratado no Capítulo 3, foi consolidada com a promulgação da Constituição de 1988, que conferiu aos municípios a faculdade de criar novamente as guardas municipais.

Podemos considerar que a Assembleia Constituinte de 1987, ao elaborar a Constituição, estabeleceu um novo Sistema de Segurança Pública constituído por órgãos policiais, no capítulo III, determinando que a União regulamente as estruturas próprias e independentes das instituições policiais, que, embora tenham atribuições distintas, são interligadas funcionalmente, corporificando o esforço do Poder Público para garantir os direitos do cidadão e da coletividade, prevenindo e combatendo a violência e a criminalidade.

5.3.1 Histórico

No III Congresso Nacional das Guardas Municipais, realizado na cidade de Curitiba, quando foi redigida a *Carta de Curitiba*, os integrantes de guardas municipais deliberam sobre a aprovação e o envio da minuta de um projeto de lei que regulamentasse o artigo constitucional pertinente às guardas municipais aos membros do Congresso Nacional.

Essa informação consta na justificativa do autor do Projeto de Lei n. 1.332/2003, Deputado Federal Arnaldo Faria de Sá, como segue: "Parte da proposição ora apresentada é oriunda da proposta elaborada pelo III Congresso Nacional de Guardas Municipais, realizado em Curitiba na data de 17 de setembro de 1992" (Brasil, 2003c).

No ano de 2012, o Projeto de Lei (PL) sofreu emenda substitutiva: foram incorporadas a ele as deliberações tomadas pelo grupo de trabalho organizado pelo Ministério da Justiça, por meio da Secretaria Nacional de Segurança Pública (Senasp), dando origem ao Estatuto Geral das Guardas Municipais, elaborado, na sua essência, por profissionais das guardas municipais de todo o Brasil, reconhecendo as adversidades e as peculiaridades de cada região do país.

Após 11 anos tramitando na Câmara dos Deputados, o projeto finalmente foi votado, aprovado e encaminhado ao Senado Federal, ganhando a identificação de PLC 39/2014. Em pouco menos de três meses de trâmite no Senado, o projeto foi votado e aprovado, sendo sancionado pela Presidenta Dilma Roussef em 8 de agosto de 2014. Assim, surgiu o marco regulatório dessas instituições, o Estatuto Geral das Guardas Municipais.

5.3.2 A lei

Passados mais de 25 anos da promulgação da Constituição da República Federativa do Brasil, o parágrafo 8º de seu art. 144 foi finalmente regulamentado, fechando uma lacuna que trazia muita instabilidade na execução do serviço público municipal no tocante à segurança pública.

Quando a Constituição Federal menciona "conforme dispuser a lei" (Brasil, 1988a), está implícito tratar-se de *lei federal*, muito embora possam surgir algumas interpretações divergentes. Com a entrada em vigor da Lei n. 13.022/2014, restou sacramentada essa premissa, uma vez que, em seu art. 1º, a lei esclarece que está efetivamente "disciplinando o § 8º do art. 144 da Constituição Federal" (Brasil, 2014b).

No art. 2º dessa lei, encontramos o conceito de *guarda municipal* e, consequentemente, sua identidade agora consolidada como uma instituição **de caráter civil, uniformizada e armada**, desde que preenchidos os preceitos estabelecidos no Estatuto do Desarmamento, que tem como função principal a **proteção municipal preventiva**.

Assim, ficou explícito o que, de certo modo, estava implícito no texto constitucional. Vejamos o que diz o professor Meirelles (2006, p. 323, grifo nosso):

> Os serviços de segurança urbana comumente desempenhados pelos nossos Municípios têm-se restringido à guarda de seus edifícios, à prevenção contra incêndios

e à extinção de animais nocivos, **mas nada impede** – e tudo aconselha – *[que] se estendam a outros setores em que se fazem necessárias a* **proteção dos munícipes** *e a preservação do patrimônio público e* **particular**.

O art. 2º do estatuto é muito importante, pois esclarece que, embora os profissionais da guarda municipal trabalhem uniformizados e de forma hierarquizada, eles não são militares, mas servidores civis dos municípios, e têm a incumbência da proteção municipal em caráter preventivo, podendo utilizar arma de fogo para esse fim.

O uso do armamento pelas guardas municipais e a presente legislação foram debatidos no item específico que discorre sobre o Estatuto do Desarmamento no início deste capítulo.

5.3.3 Princípios das guarda municipais

No art. 3º do Estatuto Geral das Guardas Municipais, encontramos os princípios mínimos ou básicos para a atuação das guardas municipais, que devem primar pela "proteção dos direitos humanos fundamentais, do exercício da cidadania e das liberdades públicas" e pela "preservação da vida, redução do sofrimento e diminuição das perdas", realizando o "patrulhamento preventivo" e mantendo o "compromisso com a evolução social da comunidade", aplicando, para isso – se for necessário – "o uso progressivo da força" (Brasil, 2014b).

Esses preceitos legais também estão inseridos na Constituição. Na menção à proteção dos direitos humanos fundamentais, a lei nos direciona automaticamente ao art. 5º da Constituição Federal, esclarecendo que o guarda municipal é um dos garantes desses direitos devendo cumprir e fazer cumprir o disposto na cláusula pétrea, qual seja, a garantia da inviolabilidade do direito à **vida**, à **liberdade**, à **igualdade**, à **segurança** e à **propriedade**.

Ressaltamos que os incisos III e V do art. 3º do estatuto definem como atribuição do guarda municipal executar o patrulhamento preventivo e, quando necessário, realizar a abordagem e aplicar o uso da força, sempre de maneira progressiva, como forma de preservação da vida e da integridade física do infrator.

Em síntese, o profissional da área de segurança pública, independentemente de sua denominação, tem por missão fundamental proteger a integridade física do cidadão: "quer seja vítima ou infrator, o policial deve procurar sempre combater o crime e nunca o criminoso" (Carvalho, 2012a, p. 41).

Assim, a redação do texto legal pode ser considerada uma redundância necessária, uma vez que reforça o mandamento constitucional, ficando clara a função dos profissionais da segurança pública e os limites legais impostos a eles.

Nesse ponto em particular, abrimos um parêntese para adicionar aos comentários alusivos à utilização progressiva da força a entrada em vigor da Lei n. 13.060/2014, que passou a disciplinar o uso de instrumentos de menor potencial ofensivo por parte dos agentes de segurança pública. Atualmente, o inciso V do art. 3º do estatuto tem uma regulamentação própria que determina que o uso progressivo da força deve ser realizado obedecendo em especial aos princípios da legalidade, da necessidade, da razoabilidade e da proporcionalidade.

5.3.4 Competências das guardas municipais

Quanto às **competências gerais** das guardas municipais, a proteção de bens, serviços e instalações do município permanece, mas foram incorporados a ela os logradouros públicos municipais. Assim, as guardas municipais, seguindo a interpretação fiel do Código Civil, passaram a ter maior responsabilidade sobre os logradouros públicos municipais, o que, em verdade, já fazia parte do conceito de *bens municipais*.

Essa interpretação é complementada com a inserção, no parágrafo único do art. 4º do Estatuto Geral das Guardas Municipais, da abrangência do termo *bens* – os de uso comum, os de uso especial e os dominiais –, seguindo o disposto no art. 99 da Lei n. 10.406/2002 (Código Civil Brasileiro), que traz a descrição dos bens públicos.

Assim, em específico, conforme já discorrido neste capítulo, na Seção 4.1, "A Guarda Municipal e a Constituição Federal", no que diz respeito aos bens dos municípios, vemos que eles são:

» os bens de uso comum do povo – os rios, os mares, as estradas, as ruas e as praças;

» os bens de uso especial – os edifícios ou os terrenos destinados ao serviço ou ao estabelecimento da administração municipal, bem como os de suas autarquias;

» os bens dominiais – que constituem o patrimônio das pessoas jurídicas de direito público, como objeto de direito pessoal, ou real, de cada uma dessas entidades.

Quanto às **competências específicas** das guardas municipais, no art. 5º do estatuto, foram elencados 18 incisos e um parágrafo único, que definem que o guarda municipal, no que concerne aos bens municipais, aos serviços e às instalações. Nos incisos I e II, vemos que as guardas municipais devem "zelar pelos bens, equipamentos e prédios públicos do Município" e "prevenir e inibir, pela presença e vigilância, bem como coibir, infrações penais ou administrativas e atos infracionais que atentem contra os bens, serviços e instalações municipais" (Brasil, 2014b).

A doutrina denomina as ações expressas pelos verbos *prevenir*, *inibir* e *coibir* relacionadas às infrações penais, às infrações administrativas e aos atos infracionais como ações de **prevenção social**. Assim, as guardas municipais devem procurar desenvolver ações de prevenção focadas em especial na redução da predisposição de indivíduos e de grupos à prática de crimes.

No tangente à população, como competência específica, segundo o inciso III, as guardas municipais devem "atuar, **preventiva e permanentemente**, no território do Município, **para a proteção sistêmica da população** que utiliza os bens, serviços e instalações municipais" (Brasil, 2014b, grifo nosso).

Dessa maneira, observamos que as guardas municipais assumem a competência sobre a atuação preventiva e permanente, visando à proteção sistêmica da população que usufrui dos bens, dos serviços e das instalações do município. Assim, concluímos que todas as pessoas que se encontram no município estão mencionadas nesse inciso, pois qualquer cidadão que está no município usufrui dos itens mencionados.

Quanto à integração com os demais órgãos de segurança pública, compete às guardas municipais colaborar de forma integrada em ações conjuntas que tenham como resultado principal a paz social.

Tratando da mediação de conflitos, os profissionais das guardas municipais devem promover a pacificação social quando presenciarem situações que exijam, essa ação primando pelo cumprimento dos direitos fundamentais da pessoa, conforme descrito no art. 5º da Constituição.

Em relação às competências do trânsito municipal, que foram motivo de muitas divergências jurídicas desde que entrou em vigência do Código de Trânsito Brasileiro – Lei n. 9.503, de 23 de setembro de 1997 (Brasil, 1997b) –, o Estatuto permitiu que as guardas municipais exerçam o policiamento de trânsito nas vias e nos logradouros municipais nos termos do Código de Trânsito, ou seja, as guardas municipais podem exercer as atividades de policiamento e de fiscalização do trânsito quando elas lhes forem atribuídas ou, caso não sejam suas atribuições legais, as guardas municipais podem exercê-las de forma concorrente, firmando convênio com o órgão de trânsito estadual ou municipal, de acordo com o caso concreto. Esse assunto será tratado em especial no Capítulo 5.

A competência específica de proteger o patrimônio ecológico, histórico, cultural, arquitetônico e ambiental do município já foi tratado no Capítulo 3, na Seção 3.4, "Competência dos municípios", restando, assim, reforçarmos essa atribuição, que deriva do art. 30, inciso IX da Constituição. Assim, além de realizarem o patrulhamento preventivo para proteger esses patrimônios, as guardas municipais devem adotar medidas educativas e preventivas a fim de dar cumprimento ao referido dispositivo legal.

O inciso VIII determina que as guardas municipais devem "**cooperar** com os **demais órgãos** de defesa civil em suas atividades" (Brasil, 2014b, grifo nosso). Destacamos dois pontos importantes desse texto. O primeiro em relação ao verbo *cooperar*, indicativo de que não existe a usurpação da função de outro órgão público. Ressaltamos que, conforme vamos estudar no próximo capítulo, a defesa civil não é exclusividade de uma entidade, instituição ou pessoa; a defesa civil somos todos nós, Poder Público constituído e sociedade civil. Com essa observação, concluímos o segundo ponto, referente à expressão *demais órgãos*, indicativa de que as guardas municipais, em sua essência, são órgãos de defesa civil, assim como toda e qualquer força fardada ou uniformizada, da União, dos estados e do Distrito Federal.

Prosseguindo com a análise do art. 5º do estatuto, no inciso IX, as guardas municipais passaram a ter materializada na norma jurídica uma função já rotineira e fundamental para a execução da atividade de polícia comunitária, atividade esta executada por todas as guardas municipais já existentes em razão da peculiaridade de serem instituições locais, que atuam desde sua criação de forma a interagir com a sociedade civil buscando a solução de problemas e a implantação de projetos locais voltados à melhoria das condições de segurança das comunidades.

O inciso X prevê a possibilidade de as guardas municipais executarem a ação de **prevenção universal**, estabelecendo parcerias com órgãos estaduais, da União ou de municípios vizinhos e celebrando convênios ou firmando consórcios com o objetivo de desenvolver ações preventivas integradas direcionadas a toda a população, independentemente do risco de crime e de violência. É muito importante que essa outorga legal esteja explícita, uma vez que a participação de todos é fundamental para a redução do índice de criminalidade. Municípios cujas divisas limítrofes apresentam índices elevados de crimes sofrem muito quando mecanismos como os mencionados não podem ser adotados, seja por questões políticas, seja pela ausência de norma regulamentadora. De nada adianta implantar ações de combate e de repressão se, ao cruzar a fronteira de um município, o crime acaba ocorrendo de forma livre, sem nenhuma ação que siga a mesma linha de atuação do município anterior.

O inciso XI autoriza que as guardas municipais articulem-se também com os órgãos de políticas sociais da municipalidade, buscando implantar ações interdisciplinares de segurança. Nesse caso, ocorre um caso clássico de ação de **prevenção compreensiva** a ser desenvolvida pelas guardas municipais em parceria com os órgãos de políticas sociais dos municípios, uma vez que serão desenvolvidas estratégias de prevenção baseadas em ações ou em programas para combater diversos fatores de risco e aumentar as ações de proteção ao cidadão.

Lembramos que as abordagens dos integrantes das guardas municipais nas vias públicas podem muitas vezes envolver pessoas em situação de risco e que necessitam de cuidados especiais. A existência de parcerias com os órgãos de ação social é fundamental para o encaminhamento especializado, uma vez que a segurança pública é apenas um pequeno ramo da defesa social.

Questões de assistência social tratadas com seriedade, harmonia e respeito de forma integrada por parte das guardas municipais tendem a trazer um reflexo significativo na esfera da segurança pública, uma vez que podem contribuir para uma diminuição considerável das pessoas em situação de vulnerabilidade e, consequentemente, de todos os fatores que decorrem dessa situação. Chamamos esse tipo de ação de **prevenção escolhida**, uma vez que busca desenvolver estratégias direcionadas especificamente à população em situação de risco de envolvimento em crimes e em violências, ou seja, a um grupo de pessoas em situação de vulnerabilidade social.

O inciso XII confere às guardas municipais a faculdade de integrarem-se com os demais órgãos de poder de polícia administrativa com o objetivo de contribuir para a normatização e a fiscalização das posturas e do ordenamento urbano municipal. Nesse caso, pode ser necessária a instalação de um Gabinete de Gestão Integrada municipal (GGI-M), o qual estudaremos no próximo capítulo, quando abordaremos esse tema com mais profundidade. Ressaltamos, no entanto, que a previsão legal para a integração das guardas municipais com outros órgãos existe e pode ser aplicada com ou sem a instalação de um GGI-M.

Quando o estatuto entrou em vigor, os incisos VIII e XIII foram objeto de debate e especulação, pois algumas interpretações equivocadas aventavam a possibilidade de a regulamentação das guardas municipais estar sendo direcionada para a regulamentação da atribuição de um corpo de bombeiro civil municipal, o que não retrata o teor da lei, pois, na verdade, o estatuto atribui às guardas municipais a capacidade de dar o pronto-atendimento em situações de emergência, seja no isolamento da área, seja na garantia da segurança dos envolvidos, seja no socorro imediato à vítima. Esse socorro se restringe a dar assistência e a diminuir os riscos e os eventuais danos no local da ocorrência emergencial, podendo prestar o atendimento de forma direta e imediata ao deparar-se com tal situação.

O inciso XIV também evocou debates acalorados, pois havia uma corrente que defendia o exposto no texto da lei como função exclusiva da polícia estadual. Em verdade, foi regulamentado o que de regra já era realizado pelos guardas municipais, se não com o amparo legal em razão da condição de agentes de segurança pública, conforme preceitua a Lei n. 10.201/2001, ao menos com o amparo do art. 301 do Código de Processo Penal – Decreto-Lei n. 3.689, de 3 de outubro de 1941 (Brasil, 1941): a faculdade de efetuar prisão em flagrante delito e realizar o encaminhamento à autoridade policial, tanto na esfera federal quanto na estadual.

O texto do estatuto, em vez de descrever que a condução do autor da infração deveria ser feita à autoridade policial, preferiu deixar claro que esse encaminhamento deve ser feito diretamente ao delegado de polícia, que, conforme o art. 4º do Código de Processo Penal, é considerado autoridade policial. Com isso, foi corrigida uma falha que estava ocorrendo em algumas guardas municipais que, ao efetuar uma prisão, acionavam a polícia estadual para realizar o encaminhamento policial. Ficou claro com o inciso XIV que o agente de autoridade policial que dá a voz de prisão é o responsável pela condução e pela segurança do infrator, devendo encaminhá-lo ao delegado de polícia. É importante, ainda, ressaltar a necessidade de preservar o local do crime quando possível e sempre que necessário, para que a polícia científica possa periciar e coletar possíveis evidências para sua elucidação.

O inciso XV é autoexplicativo, deixando transparecer uma intenção em relação à aplicação de ações de **prevenção localizada**, uma vez que determina que as guardas municipais tenham uma participação mais ativa nos estudos de impacto na segurança local. Seguindo o estabelecido no plano diretor municipal, quando da construção de empreendimentos de grande porte, é fundamental a participação da guarda municipal, uma vez que grandes empreendimentos implicam uma movimentação significativa de pessoas, o que reflete em todas as áreas, em especial nos quesitos segurança pública municipal e segurança viária. Essa participação tem por objetivo, portanto, desenvolver estratégias de prevenção.

No tocante à **prevenção primária** à violência, o inciso XVI faculta às guardas municipais que desenvolvam ações isoladamente ou em conjunto com os demais órgãos da municipalidade, de outros municípios ou das esferas estadual e federal. Convém esclarecer que prevenção primária, em síntese, pode ser compreendida como a execução de ações centralizadas, direcionadas ao meio físico ou social, e em especial aos fatores que aumentam o risco de crimes e de violências, visando a diminuir vertiginosamente a vulnerabilidade e os seus reflexos negativos. Em regra, são ações abrangentes que implicam mudanças na estrutura da sociedade ou da comunidade com a finalidade de reduzir as oportunidades para a prática criminosa, gerando maior segurança e tranquilidade local.

No inciso XVI, há mais uma atribuição que se assemelha à do inciso XII no que tange à possível instalação de um GGI-M. Independentemente de esse organismo existir ou não, as guardas municipais podem e devem atuar de forma a desenvolver e a implementar ações de prevenção primária isoladas ou em parceria com outros órgãos. Contudo, ressaltamos que essa função não deve limitar as demais atribuições das guardas municipais no que se refere às ações de prevenção secundária, terciária, social, situacional, universal, localizada, escolhida, indicada, compreensiva e focalizada.

No inciso XVII, encontramos, entre as competências das guardas municipais, a de auxiliar na segurança de grandes eventos, como esportivos, religiosos e festivos. Nos grandes centros urbanos, isso já é rotina, e as ações das guardas municipais se somam às das polícias civis e militares. O inciso ainda prevê ações de proteção de autoridades e de dignatários. Nas cidades com grande fluxo de pessoas e atividades, é comum o emprego de guardas municipais visando a reforçar a segurança local – em especial, quando é a municipalidade que está promovendo o evento ou recepcionando alguma autoridade ou dignatário –, que deve estar em plena sintonia com os demais órgãos de segurança envolvidos.

Todos os pontos que abordamos como competências específicas das guardas municipais são fundamentais, porém cabe destacar o inciso XVIII, que trata da função de atuar na segurança escolar mediante ações preventivas. Se essa função não tivesse sido contemplada, poderíamos considerar o Estatuto muito falho, pois o principal ponto em que devemos efetivamente buscar implantar ações de prevenção e fortalecimento do sentimento de civismo é justamente no seio escolar. Educar o jovem hoje é preparar um futuro melhor para a nação.

Chamamos esse tipo de prevenção de ***prevenção secundária***, uma vez que busca desenvolver estratégias de prevenção centrada em ações dirigidas a pessoas mais suscetíveis à prática de crimes e de violências, em especial jovens, adolescentes e membros de grupos vulneráveis. Entre as ações a serem realizadas junto à comunidade escolar, destacamos: zelar pelo entorno da escola e participar de ações educativas com o corpo discente e docente, fortalecendo e auxiliando na implantação da cultura de paz na comunidade local.

O art. 5º do Estatuto se encerra com o parágrafo único, que descreve a possibilidade de as guardas municipais, no exercício de suas competências, colaborarem ou atuarem conjuntamente com órgãos de segurança pública da União, dos estados e do Distrito Federal ou de congêneres de municípios vizinhos, exercendo ações de **prevenção focalizada**. Já demonstramos que a lei permite que as ações das guardas municipais sejam realizadas em parceria, quando necessário, com outros órgãos de segurança pública.

Podemos concluir pela redação do texto legal que o disposto na Lei n. 10.201/2001 foi confirmado pelo Estatuto Geral das Guardas Municipais: a compreensão de que as guardas municipais são efetivamente órgãos de segurança pública municipal, sendo, agora, também corroborado pela Lei n. 13.675, de 11 de junho de 2018 (Brasil, 2018a), ao instituir o Sistema Único de Segurança Pública (Susp) e inserir as guardas municipais como integrantes operacionais dele.

5.3.5 Criação da Guarda Municipal

O Estatuto Geral das Guardas Municipais, em seu art. 6º, reprisa a norma constitucional que confere aos municípios a faculdade de criarem sua guarda municipal, reforçando que a criação desta somente pode ser feita mediante lei municipal, seguindo o princípio da autonomia municipal. O art. 6º esclarece, por fim, que a guarda municipal deve estar subordinada diretamente ao chefe do Poder Executivo municipal, por questões elementares de comando e de controle, como as forças armadas na esfera federal e as polícias militares, na estadual.

Interessante, confuso e desproporcional é o art. 7º do Estatuto, pois parece ter faltado um critério técnico para elaborá-lo, o que acabou criando uma norma inaplicável e, de certo modo, discriminatória, pois limitou o efetivo das guardas municipais à quantidade populacional. Esse limitador foi estabelecido de forma a copiar o Estatuto do Desarmamento justamente em uma situação jurídica que retrata desconhecimento sobre as vicissitudes das municipalidades, em especial, no que se refere à relação da quantidade populacional com os índices de criminalidade e de vulnerabilidade social. A regra proíbe que a guarda municipal tenha um efetivo superior 0,4% da população nos municípios com até 50 mil habitantes.

Isso quer dizer que, no caso de o município ter exatamente 50 mil habitantes, conforme o censo do Instituto Brasileiro de Geografia e Estatística (IBGE), poderá ter no máximo 200 guardas municipais, ficando assim a proporção de quatro guardas municipais **desarmados** (conforme regra que estudamos na Seção 4.2.1, "O porte de arma de fogo") para cada mil habitantes.

Vamos observar com maior clareza a falha na elaboração desse dispositivo legal, que objetiva impedir que as guardas municipais tenham um efetivo "desordenado". No inciso II do art. 7º, a previsão máxima para o efetivo de guardas municipais nas cidades com população superior a 50 mil habitantes e inferior a 500 mil habitantes ficou definido como o equivalente a 0,3% da quantidade populacional. Teremos, assim, a proporção de três guardas municipais **armados somente em serviço** para cada mil habitantes.

Nesse caso, lendo a lei rapidamente, é possível que uma grande falha passe desapercebida. Vejamos: o inciso II, quando menciona o efetivo máximo e a sua proporção em relação ao número de habitantes do município, já cria uma regra de exceção, ao citar "desde que o efetivo não seja inferior ao disposto no inciso I" (Brasil, 2014b). Conforme o exemplo inicialmente apresentado, uma cidade com população de 50 mil habitantes, está inserida na regra do inciso I, podendo ter um efetivo máximo de até 200 guardas municipais. Assim, considerando que uma cidade com 50.001 habitantes em tese teria um efetivo proporcional a 0,3% da população, teríamos um efetivo de 150 guardas municipais, porém, considerando a proibição de se ter um efetivo inferior ao disposto no inciso I, essa cidade deverá contar com 200 guardas municipais.

Logo, todas as cidades com população superior a 50.001 somente podem criar a sua guarda municipal tendo o número mínimo de 200 cargos de guardas municipais. Entendemos, com isso, que uma norma que tinha a intenção de evitar um desequilíbrio no efetivo das guardas municipais acabou criando uma regra que muitas vezes pode vir a inviabilizar a criação da guarda municipal ou a aplicação da lei.

O inciso III estabelece como previsão máxima do efetivo de guardas municipais nas cidades com população superior a 500 mil habitantes o equivalente 0,2% da população. Assim, nesses municípios, teremos a proporção de dois guardas municipais **armados fora de serviço e em serviço** para cada mil habitantes.

A regra explicitada anteriormente se repete aqui, impedindo que os municípios com população superior a 500.001 habitantes venham a constituir guarda municipal com efetivo inferior ao disposto no inciso anterior. Ou seja, se na proporção da regra inferior, 500 mil habitantes equivalem a três guardas municipais para cada mil habitantes, teremos, no seu ápice de 500 mil habitantes, 1.500 guardas municipais. Logo, uma cidade com população superior a 500.001, seguindo o que estabelece a lei, não poderá criar sua guarda municipal com número de vagas inferior a 1.500 cargos.

É elementar que esses dispositivos legais devem ser revogados, caso contrário poderão cair no desuso ou prejudicar a criação e a ampliação das guardas municipais nas cidades com efetivo superior a 50.001 habitantes em razão da proporcionalidade estabelecida, que determina de maneira indireta o número mínimo de guardas municipais.

Cabe esclarecer que a intenção na elaboração o art 7º era justamente limitar o número de servidores das guardas municipais, com o intuito de manter um controle sobre as forças policiais municipais. No entanto, sabemos que hoje a maior limitação dos municípios na criação e na manutenção das guardas municipais é justamente a falta de recursos para esse fim, com a ausência do repasse financeiro pelos estados e pela União. Com isso, esclarecemos que raramente teríamos alguma guarda municipal com um efetivo superior ao estimado nos presentes cálculos, ainda que os ditos repasses financeiros fossem feitos.

O art. 8º do estatuto traz a previsão legal para que, havendo necessidade, seja formalizada uma integração, mediante consórcio público, dos serviços, das guardas municipais de municípios limítrofes. Um exemplo prático de serviço da guarda municipal utilizado de maneira compartilhada seria o controle de fluxo de veículos nas fronteiras de municípios limítrofes. Um município que exerce essa atividade, seja com a utilização de recurso humanos, seja com a utilização de recursos tecnológicos, pode integrar essa ação com outro município mediante consórcio público, otimizando os custos e gerando maior benefício para ambos os municípios.

5.3.6 Exigências para a investidura no efetivo das guardas municipais

Quanto à contratação do efetivo das guardas municipais, procurou-se disciplinar a carreira de guarda municipal estabelecendo que o ingresso nela deve acontecer mediante aprovação em concurso público, conforme previsto no art. 37, inciso II da Constituição, considerando que o guarda municipal é servidor público municipal.

São requisitos básicos para a investidura no cargo público ter nacionalidade brasileira, estar em pleno gozo dos direitos políticos, estar quite com as obrigações militares (para homens) e eleitorais, ter concluído o nível médio de escolaridade, ter idade mínima de 18 anos, estar apto física, mental e psicologicamente e ser uma pessoa de idoneidade moral comprovada por meio de investigação social e certidões expedidas perante os Poderes Judiciários estadual, federal e distrital.

Esses requisitos não excluem a competência do município de estabelecer outros requisitos complementares estabelecidos em lei municipal. Em relação à carreira, o Estatuto Geral das Guardas Municipais definiu que a guarda municipal deve ser estruturada em uma carreira única, com plano de cargos e salários.

Os cargos a que se refere a lei devem ser fracionados em níveis, como podemos observar no art. 15 do Estatuto. A título de ilustração, apresentamos uma possibilidade de divisão de níveis de acordo com a esfera de atuação: operacional, gerencial e estratégica. O **nível operacional** é composto de aproximadamente 90% do efetivo, uma vez que é o grupo que executa as atividades de guarda municipal em sua missão principal – o policiamento preventivo nas cidades. O **nível gerencial**, por ser a função intermediária entre o comando e a execução das atividades, pode ser estruturado na proporção de até 9% do efetivo total, devendo ter como atribuição o repasse das determinações funcionais, a fiscalização e o auxílio na execução das atividades. Por fim, o **nível estratégico** tem como missão principal as funções de comando, de planejamento estratégico e, em especial, de construir e de preservar a identidade institucional da guarda municipal da sua cidade.

Devemos deixar claro que o nível de atuação não se confunde com graduação ou patente, muito embora estas estejam diretamente ligadas à atuação do profissional.

Sempre que um servidor ascende a um cargo funcional, dentro do nível hierárquico, consequentemente assume maiores atribuições na nova função. Porém, quando o servidor da carreira única de guarda municipal transita para um cargo de maior complexidade, há uma mudança de nível funcional.

A estrutura hierárquica da carreira única de guarda municipal, conforme estabelece o art. 19 do Estatuto, pode ser regulamentada com cargos distintos, como na divisão de cargos da carreira da magistratura e das carreiras militares, entre outras. A única ressalva que encontramos na lei, nesse sentido, é em relação à proibição do uso de postos e de graduações idênticos aos das forças militares na carreira de guarda municipal.

Via de regra, as guardas municipais e as guardas civis municipais, seguindo sua história institucional, procuraram preservar as graduações e a divisão de níveis, já consagradas, da seguinte forma: graduação de **guarda** para o nível operacional, graduação de **supervisor** para o nível gerencial e graduação de **inspetor** para o nível estratégico.

5.3.7 Capacitação e controle

O art. 11 do Estatuto trata da exigência da lei em relação à capacitação específica para o profissional da guarda municipal, de acordo com a matriz curricular; o art. 12, da criação de órgão de formação, treinamento e aperfeiçoamento para guarda municipal; o art. 13, da criação de órgãos de controle interno e externo; o art. 14, da criação do código de conduta próprio para a guarda municipal; o art. 16, que discorre sobre questões relacionadas ao porte de arma de fogo, já foi objeto de estudo no Capítulo 4.

5.3.8 Prerrogativas

Seguindo o estudo sobre o Estatuto Geral das Guardas Municipais, encontramos, em seu art. 15, questões relacionadas aos cargos em comissão exercidos na guarda municipal.

O Estatuto determina que esses cargos sejam exercidos por membros efetivos do quadro de carreira da guarda municipal, evitando possível interferência no comando por parte dos conceitos oriundos de outras instituições com características, atribuições e formas de atuação semelhantes, porém não idênticas.

Em regra, o Estatuto buscou criar e preservar a identidade institucional das guardas municipais como uma força policial de prevenção, instituindo mecanismos de defesa a fim de distanciar seu comando e os demais cargos de direção de possíveis influências de outros órgãos ou entidades policiais ou militares. Assim, a lei permite que a guarda municipal seja comandada somente nos seus primeiros quatro anos de funcionamento por profissional estranho a seus quadros, devendo este ter, preferencialmente, experiência ou formação na área de segurança ou de defesa social.

Após citar essa exceção à regra, nos parágrafos seguintes, o Estatuto esclarece que, para a ocupação dos cargos em todos os níveis da carreira de guarda municipal, deve ser observado o percentual mínimo para o sexo feminino, definido em lei municipal.

Determina, ainda, que deve ser garantida a progressão funcional da carreira em todos os níveis, por meio da implantação de plano de cargos e salários da carreira única de guarda municipal.

Outros avanços importantes da lei foram em relação à linha telefônica de número 153 e à faixa exclusiva de frequência de rádio, que devem ser disponibilizadas pela Agência Nacional de Telecomunicações aos municípios que contam com guarda municipal. A lei também estabelece que, quando sujeito à prisão e antes de condenação definitiva, o guarda municipal deve ser recolhido a cela isolada dos demais presos, repetindo o dispositivo legal previsto no art. 295, inciso XI, do Código de Processo Penal, que confere aos antigos e extintos guardas-civis dos estados o direito à prisão especial.

5.3.9 Representatividade

O art. 20 do Estatuto Geral das Guardas Municipais reconhece a representatividade das guardas municipais no Conselho Nacional de Segurança Pública, no Conselho Nacional das Guardas Municipais e no Conselho Nacional de Secretários e Gestores Municipais de Segurança Pública.

5.3.10 Identidade institucional

O Estatuto Geral das Guardas Municipais estabelece a padronização dos uniformes e dos demais equipamentos das guardas municipais, dando preferência à utilização da cor azul-marinho para o uniforme. Reforçamos aqui que essa padronização é fundamental na construção efetiva de uma identidade funcional, assim como os cargos e as graduações da carreira única de guarda municipal.

De um modo geral, as guardas municipais procuram utilizar tanto a cor azul-marinho nos uniformes – com a bandeira do município e o brasão institucional nos braços direito e esquerdo, respectivamente, as insígnias de graduação nos ombros e o distintivo acima do bolso esquerdo – quanto nas viaturas.

Hoje, consideramos fundamental que as guardas municipais procurem criar regulamentos próprios que definam regras referentes à graduação e à ascensão na carreira de guarda municipal, às insígnias e a outros assuntos importantes para a instituição, buscando, por meio do Conselho Nacional de Guardas Municipais, instituir uma padronização em âmbito nacional, a fim de que tenhamos instituições municipais independentes e autônomas, porém com características semelhantes em todo o Brasil.

O Estatuto Geral das Guardas Municipais se encerra determinando que as guardas municipais já existentes venham a se adaptar às novas regras no prazo de dois anos, contados a partir da data de sua publicação, e permitindo a utilização de outras denominações já consagradas pelo uso e pela própria história institucional ao longo dos anos, como: *guarda civil*, *guarda civil municipal*, *guarda metropolitana* e *guarda civil metropolitana*.

Síntese

Buscamos, neste capítulo, fazer um longo e aprofundado estudo sobre as legislações federais que regulam o funcionamento das guardas municipais para que o leitor tenha uma ampla noção da estrutura funcional, da competência legal, da forma de agir e das demais peculiaridades inerentes a essas instituições.

Por fim, traçamos algumas considerações acerca da carreira única de guarda municipal, apresentando os principais requisitos para a investidura no cargo de guarda municipal e algumas das características que essa atividade possui, tanto de identidade quanto de representatividade.

Questões para revisão

1) A Lei n. 11.340, de 7 de agosto de 2006, conhecida como Lei Maria da Penha, descreve ações que podem ser realizadas pelo poder público tanto de modo individual quanto mediante convênio com outros órgãos. Partindo desse princípio, alguns Estados e Municípios instituíram a Patrulha Maria da Penha. Em qual tipo de prevenção se enquadra essa iniciativa? Justifique sua resposta.

2) Segundo o Estatuto Geral das Guardas Municipais, quantas e quais são as formas de prevenção de competência específica das guardas municipais?

3) Assinale a alternativa que preenche corretamente a seguinte frase:

> No art. 2° da Lei n. 13.022/2014, encontramos o conceito de guarda municipal e, consequentemente, sua identidade, agora consolidada como uma instituição _____, _____ e _____, desde que preenchidos os preceitos estabelecidos no Estatuto do Desarmamento, que tem como função principal a proteção municipal _____.

    a. de caráter civil, uniformizada, armada, preventiva.
    b. de caráter militar, fardada, armada, ostensiva.
    c. de caráter civil, fardada, desarmada, preventiva.
    d. de caráter militar, uniformizada, desarmada, ostensiva.

4) Assinale a alternativa correta:
    a. O município com até 50 mil habitantes pode ter efetivo de guardas municipais de até 0,4% da população.

b. O município com mais de 50 mil habitantes pode ter efetivo de guardas municipais de até 0,4% da população.

c. O município com mais de 500 mil habitantes pode ter efetivo de guardas municipais de até 0,3% da população.

d. O município com até de 500 mil habitantes pode ter efetivo de guardas municipais de até 0,2% da população.

5) Veja o disposto no art. 19 do Estatuto Geral das Guardas Municipais:

> Art. 19. A estrutura hierárquica da guarda municipal não pode utilizar denominação idêntica à das forças militares, quanto aos postos e graduações, títulos, uniformes, distintivos e condecorações. (Brasil, 2014b)

Assinale a afirmação correta a respeito do texto acima.

a. É correto afirmar que a guarda municipal não pode manter na sua estrutura hierárquica postos, graduações, títulos, uniformes, distintivos e condecorações, mesmo que diferentes das existentes nas forças militares.

b. É correto afirmar que a guarda municipal pode manter na sua estrutura hierárquica postos, graduações, títulos, uniformes, distintivos e condecorações iguais aos existentes nas forças militares.

c. É correto afirmar que a guarda municipal não pode manter na sua estrutura hierárquica postos, graduações, títulos, uniformes, distintivos e condecorações diferentes das existentes nas forças militares.

d. É correto afirmar que a guarda municipal pode manter na sua estrutura hierárquica postos, graduações, títulos, uniformes, distintivos e condecorações, desde que diferente das existentes nas forças militares.

Questões para reflexão

1) O Estatuto do Desarmamento criou regras rígidas e necessárias para as guardas municipais, mas limitou o porte de arma de seu efetivo usando como critério fundamental a relação com a quantidade populacional do município. Você concorda com esse critério de limitação?

2) O que você, como cidadão, espera de sua municipalidade em relação à proteção sistêmica que as guardas municipais têm como missão fornecer à população?

Para saber mais

BRASIL. Senado Federal. Projeto de Lei n. 547, de 2015. Altera a Lei n. 11.340, de 7 de agosto de 2006 (Lei Maria da Penha), para instituir o programa Patrulha Maria da Penha. 19 ago. 2015. Disponível em: <http://www25.senado.leg.br/web/atividade/materias/-/materia/122758>. Acesso em: 29 mar. 2017.

O texto do projeto de lei estabelece as regras para a instituição da Patrulha Maria da Penha em outas localidades do Brasil.

Consultando a legislação

BRASIL. Lei n. 10.826, de 22 de dezembro de 2003. **Diário Oficial da União**, Poder Legislativo, Brasília, DF, 23 dez. 2003. Disponível em: <http://www.planalto.gov.br/ccivil_03/leis/2003/L10.826.htm>. Acesso em: 28 mar. 2017.

BRASIL. Decreto n. 5.123, de 1º de julho de 2004. **Diário Oficial da União**, Poder Executivo, Brasília, DF, 2 jul. 2004. Disponível em: <http://www.planalto.gov.br/ccivil_03/_ato2004-2006/2004/decreto/d5123.htm>. Acesso em: 28 mar. 2017.

BRASIL. Lei n. 11.340, de 7 de agosto de 2006. **Diário Oficial da União**, Poder Legislativo, Brasília, DF, 8 ago. 2006. Disponível em: <http://www.planalto.gov.br/ccivil_03/_ato2004-2006/2006/lei/l11340.htm>. Acesso em: 28 mar. 2017.

BRASIL. Lei n. 12.066, de 29 de outubro de 2009. **Diário Oficial da União**, Poder Legislativo, Brasília, DF, 30 out. 2009. Disponível em: <http://www.planalto.gov.br/ccivil_03/_Ato2007-2010/2009/lei/L12066.htm>. Acesso em: 29 mar. 2017.

BRASIL. Lei n. 13.022, de 8 de agosto de 2014. **Diário Oficial da União**, Poder Legislativo, Brasília, DF, 11 ago. 2014. Disponível em: <http://www.planalto.gov.br/ccivil_03/_ato2011-2014/2014/lei/l13022.htm>. Acesso em: 28 mar. 2017.

VI

Conteúdos do capítulo:

- » Plano Nacional de Segurança Pública.
- » Fundo Nacional de Segurança Pública.
- » Sistema Único de Segurança Pública.
- » Programa Nacional de Segurança Pública com Cidadania.
- » Conselho Nacional de Segurança Pública.
- » Conselho Municipal de Segurança Pública.
- » Gabinete de Gestão Integrada.
- » Defesa Civil.
- » Agente de trânsito.
- » Conselho Comunitário de Segurança.

Após o estudo deste capítulo, você será capaz de:

1. Dominar as diretrizes do Plano Nacional de Segurança Pública;
2. Entender as regras estabelecidas pelo Fundo Nacional de Segurança Pública;

Instrumentos de gestão municipal

3. Compreender o funcionamento do Sistema Único de Segurança Pública;
4. Perceber a que se destina o Programa Nacional de Segurança Pública com Cidadania;
5. Reconhecer a estrutura do Conselho Nacional de Segurança Pública;
6. Conscientizar-se da necessidade do Conselho Municipal de Segurança Pública;
7. Discernir a estrutura do Gabinete de Gestão Integrada;
8. Identificar a necessidade da Coordenadoria de Defesa Civil no município;
9. Refletir sobre a função de agente de trânsito e as novas legislações sobre o assunto;
10. Apreciar o funcionamento do Conselho Comunitário de Segurança.

6.1 Plano Nacional de Segurança Pública

Em junho de 2000, foi implantado o Plano Nacional de Segurança Pública com o objetivo principal de aperfeiçoar o sistema de segurança pública, buscando assegurar ao cidadão um de seus direitos fundamentais: o **direito à segurança**. Por meio da implantação de políticas públicas, de políticas sociais e de demais ações comunitárias, o plano visava a reprimir e a prevenir o crime, bem como reduzir a impunidade, aumentando a segurança e a tranquilidade em todo o território nacional, considerando que não há fórmulas milagrosas para enfrentar a violência, de forma isolada, mas ações que, de maneira integrada, aglutinam esforços na área de segurança pública para assegurar ao cidadão melhorias em seu bem-estar. Assim, o Plano Nacional de Segurança Pública buscou fomentar iniciativas que pudessem intervir nas múltiplas e complexas causas que estão diretamente vinculadas ao processo evolutivo da criminalidade, em especial nos grandes centros urbanos.

Devemos observar que o referido plano nacional, ainda que busque estreitar os laços e a cooperação entre os órgãos de segurança pública, em momento algum despreza a participação da **sociedade civil organizada**, mantendo-a também como um dos pilares fundamentais da implantação e da execução das diretrizes e das regras estabelecidas.

Para os municípios e, em especial, às guardas municipais, que antes estavam geralmente fadados ao esquecimento, o plano elenca, entre outras, a ação de n. 56, conforme segue:

> **Ação 56. Guardas Municipais**
>
> Apoiar e incentivar a criação de guardas municipais desmilitarizadas e desvinculadas da força policial, estabelecendo atribuições nas atividades de segurança pública e adequada capacitação, inclusive para a área de trânsito. (Brasil, 2000)

Em síntese, o plano contém 124 ações para melhorar a segurança pública no Brasil agrupadas de acordo com suas áreas de influência em quinze compromissos fundamentais, os quais, por sua vez, estão divididos entre quatro medidas, de acordo com a esfera de atuação. As medidas e seus respectivos compromissos são os seguintes:

Medidas no Âmbito do Governo Federal *[...]*

Compromisso n° 1 Combate ao Narcotráfico e ao Crime Organizado [...]

Compromisso n° 2 Desarmamento e Controle de Armas [...]

Compromisso n° 3 Repressão ao Roubo de Cargas e Melhoria da Segurança nas Estradas [...]

Compromisso n° 4 Implantação do Subsistema de Inteligência de Segurança Pública [...]

Compromisso n° 5 Ampliação do Programa de Proteção a Testemunhas e Vítimas de Crime [...]

Compromisso n° 6 Mídia x Violência: Regulamentação [...]

Medidas no Âmbito da Cooperação do Governo Federal com os Governos Estaduais [...]

Compromisso n° 7 Redução da Violência Urbana [...]

Compromisso n° 8 Inibição de Gangues e Combate à Desordem Social [...]

Compromisso n° 9 Eliminação de Chacinas e Execuções Sumárias [...]

Compromisso n° 10 Combate à Violência Rural [...]

Compromisso n° 11 Intensificação das Ações do Programa Nacional de Direitos Humanos [...]

Compromisso n° 12 Capacitação Profissional e Reaparelhamento das Polícias [...]

Compromisso n° 13 Aperfeiçoamento do Sistema Penitenciário [...]

Medidas de Natureza Normativa [...]

Compromisso n° 14 Aperfeiçoamento Legislativo [...]

Medidas de Natureza Institucional [...]

Compromisso n° 15 Implantação do Sistema Nacional de Segurança Pública [...]. (Plano..., 2000, p. 3, grifo do original)

A criação das guardas municipais e a destinação do seu corpo de profissionais ao patrulhamento preventivo, a implantação de políticas públicas que promovem ações de combate e prevenção à violência e a instalação dos Gabinetes de Gestão Integrada (de que trataremos mais adiante) têm, ao longo dos últimos anos, contribuído de maneira fundamental para o cumprimento das regras estabelecidas no Plano Nacional de Segurança Pública.

Para que tenhamos continuidade no que se refere a essas conquistas e uma nação mais segura, pacífica e com menos violência, é necessário que os agentes de segurança pública institucionalizem essas ações no seio de suas corporações e os dirigentes municipais, estaduais e federais busquem se aprofundar na matéria, uma vez que, como estabelece a Constituição, segurança pública é "dever do Estado, direito e reponsabilidade de todos" (Brasil, 1988a).

6.2 Fundo Nacional de Segurança Pública

Após a criação da Secretaria Nacional de Segurança Pública (Senasp), em setembro de 1997, o Ministério da Justiça assumiu a missão de elaborar e executar as macropolíticas de segurança pública do país. Entre elas, houve, a Medida Provisória (MP) n. 2.029, de 20 de junho de 2000 (Brasil, 2000), que instituiu o Fundo Nacional de Segurança Pública (FNSP).

Com a entrada em vigor da MP, foi criado o Conselho Gestor do FNSP, que deve ser presidido por membro representante da Senasp, órgão que passou a ter o poder de estabelecer regras e métodos de gerenciamento das políticas de segurança pública nos estados e nos municípios, a que condicionou liberação dos recursos oriundos do recém-criado fundo nacional.

Após diversas reedições, em 14 de fevereiro de 2001, a MP foi convertida na Lei n. 10.201, de 14 de fevereiro 2001 (Brasil, 2001a), instituindo efetivamente o Fundo Nacional de Segurança Pública. Inicialmente, o art. 1º dessa lei instituía o FNSP e descrevia, em seu *caput*, o objetivo de "apoiar projetos de responsabilidade dos Governos dos Estados e do Distrito Federal, na área de segurança pública, e dos Municípios, onde haja guardas municipais" (Brasil, 2001a).

No ano de 2003, após serem elaboradas as diretrizes do Plano Nacional de Segurança Pública, entrou em vigor a Lei n. 10.746, de 10 de outubro de 2003 (Brasil, 2003a), que alterou o art. 1º da Lei n. 10.201/2001, por ser considerado redundante e desnecessário, passando a descrever como objetivo do fundo "apoiar projetos na área de segurança pública e de prevenção à violência, enquadrados nas diretrizes do plano de segurança pública do Governo Federal" (Brasil, 2003a).

Os artigos seguintes da Lei n. 10.746/2003 descrevem o que constituem os recursos do FNSP e estabelecem a competência para sua administração por meio do Conselho Gestor.

Com relação às guardas municipais e aos municípios, houve o direcionamento do fundo para o apoio a projetos na área de segurança pública destinados a:

1. reequipar, treinar e qualificar as guardas municipais;
2. desenvolver sistemas de informações, de inteligência e estatísticas policiais;
3. desenvolver programas de polícia comunitária;
4. desenvolver programas de prevenção ao delito e à violência.

O Conselho Gestor do FNSP deve **priorizar** o ente federado, nesse caso o município que se comprometer a: realizar diagnóstico dos problemas de segurança pública e apresentar soluções; desenvolver ações integradas com os diversos órgãos de segurança pública;

qualificar as guardas municipais; reduzir a criminalidade e a insegurança pública.

A nova redação dada pela Lei n. 12.681, de 4 de julho de 2012 (Brasil, 2012b) define que terá efetivamente **acesso aos recursos** do FNSP o município que tenha instituído, em seu âmbito, plano de segurança pública e mantenha Guarda Municipal ou realize ações de policiamento comunitário ou, ainda, institua um Conselho de Segurança Pública visando à obtenção dos resultados descritos no parágrafo anterior.

Por fim, em relação aos municípios, a Lei n. 12.681/2012 esclarece que os entes federados beneficiados com recursos do FNSP devem prestar informações relativas ao desempenho de suas ações na área da segurança pública ao Conselho Gestor e à Senasp.

Fato curioso e que merece um comentário a título de observação é que, durante a edição e a reedição da MP n. 2.029/2000 e após a sua conversão na Lei n. 10.201/2001, os municípios não eram reconhecidos como entes federados. Somente com as alterações inseridas pela Lei n. 10.746/2003, os municípios foram assumindo, de forma modesta, essa mudança de condição. Após a entrada em vigor da Lei n. 12.681/2012, esse reconhecimento se consolidou, com a supressão da palavra *município* em vários artigos, sendo incorporada a noção de *ente federado* de forma abrangente, inclusive com as suas respectivas atribuições.

Em 11 de junho de 2018, entrou em vigor a Lei n. 13.675, de 11 de junho de 2018 (Brasil, 2018a), que disciplinou a organização e o funcionamento dos órgãos responsáveis pela segurança pública, criou a Política Nacional de Segurança Pública e Defesa Social (PNSPDS) e instituiu o Sistema Único de Segurança Pública (Susp), alterando, consequentemente, parte da Lei n. 10.201/2001.

Entretanto, ainda encontramos na Lei n. 10.201/2001 e nas suas alterações o marco inicial da consciência coletiva quanto ao verdadeiro papel dos municípios diante das questões de segurança pública municipal, ou seja, seu reconhecimento explícito por parte da legislação federal, consolidando a participação dos municípios como protagonistas fundamentais da segurança pública local.

Para concluir, em relação à Senasp e ao FNSP, reforçamos que, desde a criação do fundo, no ano de 2000, muitas mudanças foram inseridas e adotadas buscando a criação e a implantação da Política Nacional de Segurança Pública, com o redesenho do aparelho policial brasileiro.

Com isso, ao longo dos anos, a Senasp procurou transformar o Fundo Nacional de Segurança Pública em instrumento indutor da política de segurança, passando assim a privilegiar planos que contenham planejamento, metas, avaliação e monitoramento, e que possam ser considerados o alicerce da polícia do futuro.

6.3 Sistema Único de Segurança Pública

O programa Sistema Único de Segurança Pública (Susp) surgiu no Plano Plurianual referente aos exercícios de 2004 a 2007 do governo federal, gerenciado pela Senasp. Com sua implantação, o governo federal assumiu as atribuições constantes do antigo Programa Segurança do Cidadão, tendo como objetivo principal reduzir a criminalidade e a violência.

O Susp foi criado visando implantar uma política nacional de segurança, estabelecendo os parâmetros mínimos de atuação das forças de segurança pública no Brasil. Sua finalidade principal era articular as ações das instituições públicas que prestam serviços na área de segurança pública nas esferas federal, estadual e municipal.

Objetivava também manter a articulação e a integração entre as forças policiais, pois somente assim é possível reduzir a fragmentação existente nessa atividade governamental.

Como incentivo financeiro, a União passou a destinar recursos provenientes do FNSP aos entes federados, desde que estes viessem a aderir ao Susp. Esses recursos eram aplicados em políticas públicas que promovam a prevenção e a repressão ao crime e a reestruturação e o reaparelhamento das forças estaduais e municipais, além de projetos que estimulassem o combate às organizações criminosas e a análise criminal e estatística.

Como marco fundamental desse programa, ocorreu a criação e a instalação do Gabinete de Gestão Integrada (GGI), que tem como missão promover a integração entre os órgãos de segurança pública e a sociedade civil organizada, conforme vamos estudar ainda neste capítulo.

Em síntese, o Susp foi um programa implantado pelo governo federal com o objetivo de desenvolver e implementar práticas de planejamento e de gestão integrada visando à prevenção da violência, envolvendo os três níveis de governo, os órgãos setoriais e a sociedade civil, bem como deflagrar e gerenciar ações que possam trazer uma redução dos índices de violência e de criminalidade.

Essa integração não fere os princípios constitucionais de autonomia e de independência dos poderes, mas otimiza as ações e os recursos financeiros. Em outras palavras, o sistema é único, porém as instituições que o compõem são independentes e autônomas.

As finalidades principais do programa eram, justamente, fortalecer a integração entre as forças de segurança pública, diminuir o tempo de resposta às situações operacionais e trazer mais segurança à população, por meio da integração de sistemas, dados e planejamento. Assim, o programa alterou o perfil das ações das forças policiais, que costumavam ser pautadas na ação reativa, passando a garantir mais equilíbrio e mais respostas, além de proativas, fundamentadas em planejamentos e estudos.

O modelo de segurança preconizado pelo Susp buscava evitar que as ações policiais fossem pautadas somente em razão de grandes tragédias, sem a preparação e o planejamento necessários para implementar medidas estratégicas.

Visando consolidar as práticas e as ações descritas no programa Susp, em 11 de junho de 2018, a Lei n. 13.675/2018 entrou em vigor e criou o órgão Susp – instituído para, conforme o § 7º do art. 144 da Constituição Federal, regulamentar a organização e o funcionamento dos órgãos responsáveis pela segurança pública – e a Política Nacional de Segurança Pública e Defesa Social (PNSPDS) – a qual objetiva a "preservação da ordem pública e da incolumidade das pessoas e do patrimônio, por meio de atuação conjunta, coordenada, sistêmica e integrada dos órgãos de segurança pública e defesa social da União, dos Estados, do Distrito Federal e dos Municípios, em articulação com a sociedade" (Brasil, 2018a, art. 1º).

Observe que a legislação supracitada, em seu artigo 2º, traduz o disposto no caput do artigo 144 do texto constitucional, esclarecendo o sentido dos termos *dever do Estado* e *responsabilidade de todos*, já que ambos compreendem a "União, os Estados, o Distrito Federal e os Municípios" (Brasil, 2018a, art. 2º). Vejamos:

> Constituição Federal – "Art. 144. A segurança pública, dever do Estado, direito e responsabilidade de todos, é exercida para a preservação da ordem pública e da incolumidade das pessoas e do patrimônio [...]" (Brasil, 1988);
>
> Lei n. 13.675/2018 – "Art. 2º A segurança pública é dever do Estado e responsabilidade de todos, compreendendo a União, os Estados, o Distrito Federal e os Municípios, no âmbito das competências e atribuições legais de cada um" (Brasil, 2018a).

De acordo com o art. 9º da Lei 13.675/2018, que define a composição do Susp, são integrantes operacionais desse órgão: o Ministério da Justiça e Segurança Pública – órgão central; polícia federal, polícia rodoviária federal, polícia ferroviária federal, polícias civis, polícias militares, corpos de bombeiros militares, polícias penais (agentes penitenciários) federal, estaduais e distrital, guardas municipais e demais integrantes estratégicos e operacionais, "que atuarão nos limites de suas competências, de forma cooperativa, sistêmica e harmônica" (Brasil, 2018a).

Além dos já mencionados, ainda temos como integrantes operacionais do Susp os órgãos do sistema socioeducativo e:

> X – institutos oficiais de criminalística, medicina legal e identificação;
>
> XI – Secretaria Nacional de Segurança Pública (Senasp);
>
> XII – secretarias estaduais de segurança pública ou congêneres;
>
> XIII – Secretaria Nacional de Proteção e Defesa Civil (Sedec);
>
> XIV – Secretaria Nacional de Política Sobre Drogas (Senad);
>
> XV – agentes de trânsito;
>
> XVI – guarda portuária. (Brasil, 2018a, art. 9º, § 2º)

Já como integrantes estratégicos, temos "I – a União, os Estados, o Distrito Federal e os Municípios, por intermédio dos respectivos Poderes Executivos; II – os Conselhos de Segurança Pública e Defesa Social dos três entes federados" (Brasil, 2018a, art. 9º, § 2º).

É importante ressaltar que, com as privatizações das ferrovias federais, a polícia ferroviária federal entrou em desuso e, embora o *caput* do art.9º e o § 2º não a considerem quando descrevem quem são os integrantes operacionais do Susp, essa instituição consta no texto constitucional, que é a Lei Maior do país.

Assim, no sancionamento da Lei n. 13.675/2018, o Presidente da República vetou o inciso III do art.9º, suprimindo a polícia ferroviário federal da descrição dos agentes operacionais do Susp. O fato curioso e que passou desapercebido, porém, foi justamente que, ao mencionar os *órgãos de que trata o art. 144 da Constituição Federal*, fez-se citação expressa de todos os órgãos, inclusive da polícia ferroviária federal.

O funcionamento do Sups, ou seja, a integração e a coordenação dos órgãos, deve ocorrer nos limites das respectivas competências legais, bem como

> As operações combinadas, planejadas e desencadeadas em equipe poderão ser ostensivas, investigativas, de inteligência ou mistas, e contar com a participação de órgãos integrantes do Susp e, nos limites de suas competências, com o Sisbin [Sistema Brasileiro de Inteligência] e outros órgãos dos sistemas federal, estadual, distrital ou municipal, não necessariamente vinculados diretamente aos órgãos de segurança pública e defesa social, especialmente quando se tratar de enfrentamento a organizações criminosas. (Brasil, 2018a, art. 10, § 2º)

Compete ao Ministério da Justiça e Segurança Pública fixar, anualmente, metas de excelência, visando à prevenção e à repressão das infrações penais e administrativas e à prevenção dos desastres.

Em relação ao Susp e aos municípios, conforme define o art. 16 da Lei n. 13.675/2018, destacamos a permissão aos órgãos municipais, descritos nessa legislação, de atuarem de maneira integrada com o órgão cujo local esteja sob sua circunscrição.

Sobre a exigência de instalação de órgão de controle interno e externo, já previstos no Estatuto do Desarmamento e no Estatuto Geral das Guardas Municipais, os arts. 33 e 34 da supracitada lei reforçam essa necessidade, definindo que:

> Art. 33. Aos órgãos de correição, dotados de autonomia no exercício de suas competências, caberá o gerenciamento e

> a realização dos processos e procedimentos de apuração de responsabilidade funcional, por meio de sindicância e processo administrativo disciplinar, e a proposição de subsídios para o aperfeiçoamento das atividades dos órgãos de segurança pública e defesa social.
>
> [...]
>
> Art. 34 A União, os Estados, o Distrito Federal e os Municípios deverão instituir órgãos de ouvidoria dotados de autonomia e independência no exercício de suas atribuições.
>
> Parágrafo único. À ouvidoria competirá o recebimento e tratamento de representações, elogios e sugestões de qualquer pessoa sobre as ações e atividades dos profissionais e membros integrantes do Susp, devendo encaminhá-los ao órgão com atribuição para as providências legais e a resposta ao requerente. (Brasil, 2018a)

Quanto à capacitação e à valorização do profissional de segurança pública e defesa social, assunto já previsto na Lei n. 10.826/2003 e na Lei n. 13.022/2014, encontramos na Lei n. 13.675/2018 o mandamento legal para que os municípios formem e capacitem as guardas municipais, seguindo a matriz curricular nacional, bem como promovam a educação qualificada, continuada e integrada.

Para esse fim, a União disponibiliza a Rede EaD-Senasp, "escola virtual destinada aos profissionais de segurança pública e defesa social" que "tem como objetivo viabilizar o acesso aos processos de aprendizagem, independentemente das limitações geográficas e sociais existentes, com o propósito de democratizar a educação em segurança pública e defesa social" (Brasil, 2018a, art. 41).

Por fim, em relação à identidade funcional, o art. 43 da Lei n. 13.675/2018 prevê que "documentos de identificação funcional dos profissionais da área de segurança pública e defesa social serão padronizados mediante ato do Ministro de Estado Extraordinário da

Segurança Pública e terão fé pública e validade em todo o território nacional" (Brasil, 2018a).

6.4 Programa Nacional de Segurança Pública com Cidadania

A Lei n. 11.530, de 24 de outubro de 2007 (Brasil, 2007b), instituiu o Programa Nacional de Segurança Pública com Cidadania (Pronasci), que deve

> ser executado pela União, por meio da articulação dos órgãos federais, em regime de cooperação com Estados, Distrito Federal e Municípios e com a participação das famílias e da comunidade, mediante programas, projetos e ações de assistência técnica e financeira e mobilização social, visando à melhoria da segurança pública. (Brasil, 2007b, art. 1º)

Ainda de acordo com a Lei n. 11.530/2007:

> Art. 2º O Pronasci destina-se a articular ações de segurança pública para a prevenção, controle e repressão da criminalidade, estabelecendo políticas sociais e ações de proteção às vítimas.
>
> [...]
>
> Art. 6º Para aderir ao Pronasci, o ente federativo deverá aceitar as seguintes condições, sem prejuízo do disposto na legislação aplicável e do pactuado no respectivo instrumento de cooperação:
>
> I – criação de Gabinete de Gestão Integrada – GGI;
>
> II – garantia da participação da sociedade civil e dos conselhos tutelares nos fóruns de segurança pública que acompanharão e fiscalizarão os projetos do Pronasci;

> [...]
> IV – compartilhamento das ações e das políticas de segurança, sociais e de urbanização;
>
> [...]
>
> IX – compromisso de criação de centros de referência e apoio psicológico, jurídico e social às vítimas da criminalidade;
> (Brasil, 2007b)

Os principais programas a serem desenvolvidos por meio do Pronasci são:

» Reservista-cidadão – destinado à capacitação de jovens recém-licenciados do serviço militar obrigatório para atuar como agentes comunitários nas áreas geográficas abrangidas pelo programa;

» Proteção de jovens em território vulnerável – destinado à formação e à inclusão social de jovens e adolescentes expostos à violência doméstica ou urbana ou em situação de rua nas áreas geográficas abrangidas pelo programa;

» Mulheres da paz – destinado à capacitação de mulheres socialmente atuantes nas áreas geográficas abrangidas pelo programa;

» Bolsa-formação – destinado à qualificação profissional dos integrantes das carreiras já existentes das polícias militar e civil, do corpo de bombeiros, dos agentes penitenciários, dos agentes carcerários e dos peritos, contribuindo para a valorização desses profissionais e o consequente benefício da sociedade brasileira. Nos municípios, esse programa abrange também os guardas civis municipais e os agentes de trânsito, desde que enquadrados nos limites inferior e superior de remuneração definidos nas normas de concessão da bolsa-formação, mediante o instrumento de cooperação federativa.

6.5 Conselho Nacional de Segurança Pública

O Conselho Nacional de Segurança Pública (Conasp) foi institucionalizado por meio do Decreto n. 98.936, de 8 de janeiro de 1990 (Brasil, 1990). Ao longo dos anos, esse decreto sofreu modificações necessárias por meio dos Decretos n. 2.169, de 4 de março de 1997 (Brasil, 1997a), n. 3.215, de 22 de outubro de 1999 (Brasil, 1999a), e n. 6.950, de 26 de agosto de 2009 (Brasil, 2009a). Além disso, após a 1ª Conferência Nacional de Segurança Pública, em 30 de dezembro de 2010, entrou em vigor o Decreto n. 7.413, de 30 de dezembro de 2010 (Brasil, 2010b), que veio a reformular o Conasp.

No entanto, para que a

> *reformulação do desenho institucional da gestão das políticas públicas de segurança possa efetivamente ser completa, além da reestruturação do Conasp, devem ainda ser constituídos Conselhos Estaduais e Municipais de Segurança, a partir da mesma composição do futuro Conselho Nacional e também com o mesmo poder deliberativo sobre as políticas públicas estaduais e municipais [...].* (Ministério da Justiça e Segurança Pública, 2020b)

Assim, o governo federal, por meio da Lei n. 12.681/2012, condicionou o acesso aos recursos do FNSP aos municípios que tenham instituído o Conselho de Municipal de Segurança Pública, entre outras ações descritas na legislação supracitada.

Segundo o Decreto n. 7.413/2010, o Conasp

> órgão colegiado de natureza consultiva e deliberativa, que integra a estrutura básica do Ministério da Justiça, tem por finalidade, respeitadas as demais instâncias decisórias e as

> normas de organização da administração pública, formular e propor diretrizes para as políticas públicas voltadas à promoção da segurança pública, prevenção e repressão à violência e à criminalidade, e atuar na sua articulação e controle democrático. (Brasil, 2010b, art. 1º).

O conselho segue o modelo tripartite composto de nove representantes governamentais dos governos federal, estadual, do Distrito Federal e municipal, além do comando ou da direção das forças policiais, nove representantes de entidades representativas de trabalhadores da área de segurança pública e doze representantes de entidades e de organizações da sociedade civil cuja finalidade seja relacionada com as políticas de segurança pública.

Compete ao conselho, em relação aos municípios: atuar na formulação de diretrizes e no controle da execução da Política Nacional de Segurança Pública; estimular a modernização institucional para o desenvolvimento e a promoção intersetorial das políticas de segurança pública; desenvolver estudos e ações visando ao aumento da eficiência na execução da Política Nacional de Segurança Pública; propor diretrizes para as ações da Política Nacional de Segurança Pública e acompanhar a destinação e a aplicação dos recursos a ela vinculados; articular e apoiar os Conselhos Municipais de Segurança Pública; e promover a integração entre órgãos de segurança pública federais, estaduais, do Distrito Federal e municipais.

Integram o Conasp a Plenária, a Presidência, os conselheiros e a Comissão Permanente de Ética. A Plenária é considerada seu órgão máximo, constituído pelo presidente e pelos conselheiros.

O presidente e o vice-presidente são designados pelo Ministro de Estado da Justiça. O conselho conta também com uma secretaria-executiva, subordinada ao Gabinete do Ministro de Estado da Justiça, que exerce a função de apoio técnico e administrativo.

Cada conselheiro titular tem um suplente, que o substitui em caso de ausência ou impedimento. A permanência de ambos no conselho é de no máximo dois anos, devendo haver substituição periódica. A participação no conselho é considerada serviço público relevante e não deve ser remunerada.

O Senado Federal, a Câmara dos Deputados, o Conselho Nacional de Justiça, o Conselho Nacional do Ministério Público e o Conselho Nacional de Defensores Públicos Gerais podem indicar, cada qual, um representante para o Conasp, com direito a voz e sem direito a voto.

Convidados e observadores também podem participar das reuniões do conselho, sem direito a voto.

A Comissão Permanente de Ética destina-se à condução dos procedimentos de apuração de eventual falta disciplinar cometida por conselheiro no exercício de suas atribuições.

O Conasp deve reunir-se ordinariamente a cada bimestre e extraordinariamente sempre que convocado por seu presidente, por iniciativa própria ou a requerimento de um terço dos seus membros.

As deliberações do conselho devem ser adotadas por consenso ou, na ausência deste, por maioria simples, em processo nominal aberto, observado o *quórum* mínimo de metade mais um dos seus membros.

O conselho deve formalizar e aprovar suas propostas e recomendações e submetê-las à apreciação do Ministro de Estado da Justiça para as eventuais providências.

O regimento interno do Conasp dispõe sobre sua organização, seu funcionamento e sobre as atribuições dos seus membros.

Com a entrada em vigor da Lei n. 13.675/2018, passaram a compor o Susp, como integrantes estratégicos, "os Conselhos de Segurança Pública e Defesa Social dos três entes federados" (Brasil, 2018a, art. 9º, § 1º, II).

Essa iniciativa da lei visa, justamente, estimular os órgãos públicos e a sociedade civil a criar os Conselhos de Segurança Pública e Defesa Social na União, nos Estados, no Distrito Federal e nos Municípios.

Assim, a estrutura formal do Susp passa a ser composta pela formação de Conselhos permanentes, os quais "terão natureza de colegiado, com competência consultiva, sugestiva e de acompanhamento social das atividades de segurança pública e defesa social, respeitadas as instâncias decisórias e as normas de organização da Administração Pública" (Brasil, 2018a, art. 20, § 2º).

6.6 Conselho Municipal de Segurança Pública

A necessidade da existência do Conselho Municipal de Segurança Pública foi constatada durante a implantação da Senasp, quando o Ministério da Justiça, por meio dessa secretaria, percebeu a importância das ações dos municípios no combate à violência e na diminuição da criminalidade.

A fim de incentivar a criação dos conselhos municipais de segurança pública, o governo federal, por meio da Lei n. 12.681/2012, condicionou a liberação dos recursos do Fundo Nacional de Segurança Pública aos municípios, que, seguindo o modelo do Conasp, tenham instituído um Conselho Municipal de Segurança Pública, conforme dissemos anteriormente.

Os conselhos municipais têm a competência de promover, no âmbito da sua municipalidade, a troca de experiências, bem como de realizar o planejamento integrado e a coordenação de ações de segurança pública de interesse comum, tendo em vista que estas muitas vezes extrapolam os limites do ente federado.

Sua característica principal é a paridade entre participantes do município e da sociedade, para que seja incluída a exposição de interesses muitas vezes antagônicos, chegando a um denominador comum sem a submissão de um grupo a outro. Para a realização da democracia, é essencial que vários segmentos da sociedade vinculados ao setor do conselho participem.

O conselho fortalece-se com a multiplicação de protagonistas, isto é, com a ampliação de interessados em participar da gestão pública. Essa expansão deve estar atrelada à autonomia desses espaços. Além da infraestrutura, deve-se garantir que os conselheiros oriundos da comunidade não sejam coagidos pelos conselheiros representantes do governo municipal ou estadual, ou seja, o conselho não pode ser um apêndice da forma de governar dos gestores.

O município, constituindo seu Conselho Municipal de Segurança Pública, conforme modelo pré-estabelecido pelo Decreto n. 7.413/2010, cria uma ferramenta de gestão fundamental, uma vez que as deliberações do conselho, de acordo com sua atribuição, propõe diretrizes para as políticas públicas voltadas à promoção da segurança pública, à prevenção e à repressão à violência e à criminalidade.

Semelhantemente ao Conasp, o conselho municipal segue o modelo tripartite, composto de nove representantes governamentais dos governos federal, estadual e municipal, além do comando da guarda municipal, nove representantes de entidades representativas de trabalhadores da área de segurança pública e doze representantes de entidades e de organizações da sociedade civil cuja finalidade seja relacionada com as políticas de segurança pública.

Com ele, a municipalidade tem o privilégio de discutir, avaliar e implantar medidas de segurança pública após ouvir os seus gestores e as demais autoridades da segurança pública e os seus maiores beneficiários, os representantes da sociedade civil.

Com relação ao Conselho Municipal de Segurança Pública e ao GGI, cabe esclarecer que ambos são instrumentos de gestão do governo municipal. Muito embora o foco de ambos seja o mesmo, no caso a segurança pública, um não se confunde com o outro, tendo formas de agir e composições distintas.

O conselho, como já vimos, é composto de três grupos distintos que representam o poder público, os trabalhadores e a sociedade civil organizada. Sua função é de natureza consultiva e deliberativa (limitada às decisões adotadas no âmbito do colegiado), tendo por finalidade formular e propor diretrizes para as políticas públicas voltadas à promoção da segurança pública, à prevenção e à repressão à violência e à criminalidade e atuar na sua articulação e no controle democrático.

O Gabinete de Gestão Integrada Municipal (GGI-M), por sua vez, é composto de gestores municipais e convidados do poder público estadual e federal, constituindo um espaço de interlocução permanente entre as instituições do sistema de justiça criminal e os órgãos de segurança pública, para debater e propor ações de redução da violência e da criminalidade. Em síntese, é um fórum deliberativo e executivo, que atua em consenso e sem hierarquia, garantindo respeito à autonomia de cada um dos órgãos que o compõem.

Em relação aos membros que representam a municipalidade, nada impede que o mesmo gestor esteja presente em ambos os organismos de gestão, uma vez que, via de regra, o titular da pasta municipal relacionada à área de segurança pública municipal e o comandante da guarda municipal estarão presentes como membros titulares tanto no conselho quanto no gabinete.

Da mesma forma que no âmbito da União, do Distrito Federal e dos Estados, com a entrada em vigor da Lei n. 13.675/2018, passou a compor o Susp, como integrante estratégico, o Conselho Municipal de Segurança Pública e Defesa Social. Essa iniciativa da lei visa, justamente, estimular os entes públicos municipais e a sociedade civil a também criarem os Conselhos Municipais de Segurança Pública e Defesa Social em suas municipalidades.

6.7 Gabinete de Gestão Integrada

O Gabinete de Gestão Integrada (GGI) foi instituído pelo governo federal com a implantação do Susp, tendo como objetivo propiciar um espaço de interlocução permanente entre as instituições do sistema de justiça criminal e os órgãos de segurança pública, a fim de debater e propor ações de redução da violência e da criminalidade. Ao perceber os benefícios dessa ação governamental, a Senasp passou a estimular os estados e os municípios a criar esta ferramenta de gestão.

Com a criação do FNSP, para aderir ao Pronasci, o munícipio interessado ficou condicionado a aceitar as condições pactuadas no instrumento de cooperação, segundo o qual se compromete, em especial, a criar um Gabinete de Gestão Integrada Municipal (GGI-M), entre outras ações.

Essa intenção do governo federal de inserir os municípios se consolidou tendo em vista que, após os anos 1990, estes passaram efetivamente a protagonistas, ocupando um papel de centralidade nas questões da segurança pública e na prevenção da violência por se tratarem, justamente, dos entes federados mais próximos dos problemas concretos vividos pela sociedade.

Como forma de orientar a institucionalização do GGI-M, o Ministério da Justiça, por meio da Senasp, confeccionou o *Documento orientador para Gabinetes de Gestão Integrada Municipais*. Posteriormente, esse documento foi editado na forma da Portaria n. 1, de 16 de janeiro de 2014 (Brasil, 2014e), da Secretaria Nacional de Segurança Pública.

O GGI-M é "um fórum deliberativo e executivo" que tem como objetivos "identificar as demandas prioritárias da comunidade, difundir a filosofia de gestão integrada em segurança pública e elaborar um planejamento estratégico das ações a serem executadas em âmbito local" (Ministério da Justiça e Segurança Pública, 2020a).

Outra ação importante do GGI-M é a possibilidade de promover a efetiva integração entre representantes do poder público das diversas esferas e representantes das diferentes forças de segurança pública com atuação no município.

Merece destaque também a questão de os gestores articularem as ações em consenso e sem hierarquia, não cabendo a nenhum de seus integrantes a função de determinar ou de decidir qualquer medida, devendo haver sempre o respeito às autonomias de cada uma das instituições que o compõem.

A gestão integrada feita de maneira correta, respeitando a individualidade de cada órgão representado, é uma nova forma de conceber a política pública de segurança. O Poder Público, de um modo geral, passa a atuar mais na causa e não apenas no efeito, ou seja, a ação do Estado passa a ser mais preventiva, dialogando e centrando sua atenção principalmente nas ações capazes de evitar a ocorrência de novos delitos e de prevenir a violência.

O GGI-M é uma ferramenta de gestão que reúne o conjunto de instituições que incide sobre a política de segurança no município, promovendo ações conjuntas e sistêmicas de prevenção e de enfrentamento da violência e da criminalidade e aumentando a percepção da segurança por parte da população.

Para realizar essa importante missão, o gabinete deve estar pautado sobre tríplice eixo: da gestão integrada, da atuação em rede e da perspectiva sistêmica.

Com a edição da Portaria Ministerial no art. 30, foram instituídas as **diretrizes nacionais orientadoras** dos GGIs em Segurança Pública. São elas:

Art. 3º – São diretrizes dos GGI:

I – a promoção da integração, em sua respectiva área de atuação, dos órgãos de segurança pública federais, estaduais, distritais e municipais, bem como os que operam outras políticas públicas que contribuem com a segurança pública;
II – o compartilhamento das ações dos órgãos envolvidos com a segurança pública;
III – a contribuição para a integração e harmonização dos órgãos do sistema de justiça criminal, na execução de diagnósticos, planejamentos, implementação e monitoramento de Políticas de Segurança Pública;
IV – a interação com os demais órgãos públicos estabelecendo uma permanente e sistemática articulação com entidades e instituições que operam as políticas sociais básicas, visando expandir a participação de outros atores no desenvolvimento e execução de programas e ações de prevenção à violência;
V – o respeito às autonomias institucionais de cada órgão integrante do GGI;
VI – a atuação em rede com outros GGI (municipais, estaduais, distrital e de fronteira);
VII – a publicidade das informações relativas às políticas desenvolvidas no âmbito do GGI, sempre que possível, e desde que não comprometa o sigilo necessário às operações de segurança pública. (Brasil, 2014e)

Art. 4º – São atribuições dos GGI:

I – planejar, coordenar e acompanhar ações integradas de prevenção à violência, repressão à criminalidade e fiscalização afetas ao poder de polícia da Administração Pública, nas áreas de atuação definidas nos Estados, Regiões, Distrito Federal, Fronteiras e Municípios, em função dos indicadores de violência e vulnerabilidade, priorizando as medidas de maior impacto para reversão das estatísticas negativas;
II – propor estratégias e metodologias de monitoramento dos resultados de ações a eles relativas, com a participação de

outras instituições, se necessário e conveniente, respeitadas as diretrizes do Ministério da Justiça;

III – elaborar um planejamento estratégico das ações integradas a serem implementadas e monitorar o cumprimento das metas estabelecidas;

IV – tornar mais ágil e eficaz a comunicação entre os órgãos que o integram;

V – acompanhar a implementação dos projetos e políticas pertinentes a ele, promovendo a avaliação quantitativa e qualitativa dos resultados obtidos e indicando, se for o caso, mecanismos para revisão das políticas públicas adotadas;

VI – monitorar e avaliar a execução dos planos de segurança pública das respectivas áreas de atuação;

VII – acompanhar os programas estruturantes e de logística em desenvolvimento, observando as diretrizes de integração dos diferentes níveis de governo e de políticas sociais afins, bem como a priorização para as medidas que tragam maior impacto no desempenho dos programas de segurança pública;

VIII – fomentar encontros e fóruns, periodicamente, objetivando a maior integração das ações de política de segurança pública;

IX – mediar os planejamentos operacional, tático e estratégico entre os órgãos que o compõe;

X – identificar demandas e eleger prioridades, com base em diagnósticos locais;

XI – contribuir para a garantia de um sistema no qual a inteligência e as estatísticas trabalhem de forma integrada;

XII – difundir a filosofia de gestão integrada em segurança pública;

XIII – realizar os encaminhamentos necessários ao cumprimento das suas deliberações;

XIV – fomentar a alimentação do Sistema Nacional de Informações de Segurança Pública, Prisionais e Sobre Drogas – SINESP, nos termos da lei;

XV – alimentar o Sistema Nacional de Monitoramento dos GGIs – InfoGGI, no âmbito do Portal SINESP, quando disponibilizado pela Secretaria Nacional de Segurança Pública – Secretaria Nacional de Segurança Pública do MJ;
XVI – contribuir para reformulação e criação legislativa no campo da segurança pública local, no que couber;
XVII – instituir as Câmaras Técnicas e/ou Temáticas e garantir seu regular funcionamento;
XVIII – as informações coletadas e armazenadas pelas instituições de Segurança Pública, assim como, receber e analisar as demandas provenientes de outras instâncias governamentais e da Sociedade Civil Organizada;
XIX – envolver as Instituições de Ensino Superior para produção qualificada do conhecimento em assuntos referentes a Segurança Pública;
XX – propor prioridades para o Plano de formação e qualificação dos profissionais de segurança pública. (Brasil, 2014e)

Segundo a Portaria n. 1, de 16 de janeiro de 2014:

Art. 5º Integram os GGI, em qualquer de suas modalidades:

I – o Colegiado Pleno;

II – a Secretaria Executiva; e

III – as Câmaras Técnicas.

Art. 6º Além das estruturas indicadas no art. 5º, os GGI, sempre que possível e necessário, constituirão Câmaras Temáticas, podendo ainda ter outros espaços necessários à plena consecução dos objetivos gerais do órgão colegiado, nos termos do art.3º.

Art. 7º Os GGI, em qualquer de suas modalidades, serão estruturados, por:

I – Sala do Pleno, onde se reunirá o Colegiado Pleno; e

II – Sala da Secretaria Executiva.

Parágrafo único. As Câmaras Técnicas e Câmaras Temáticas não envolvem estruturas físicas, sendo somente espaços de debate e discussão.

[...]

Art. 8º Incumbe ao Colegiado Pleno dos GGI, instância superior e colegiada, as funções de coordenação e deliberação.

Parágrafo único. Compete ao Presidente do GGI indicar o Secretário Executivo por meio de ato específico.

[...]

Art. 9º Incumbe à Secretaria Executiva as atribuições de articulação, organização, planejamento, gestão e execução das deliberações e atividades desenvolvidas pelos GGI, de forma contínua e permanente, no âmbito de sua competência e de acordo com as atribuições previstas no regimento interno de cada GGI.

[...]

Art. 10 As Câmaras Técnicas são espaços permanentes de discussão acerca de assuntos relevantes na seara da segurança pública abrangidos pelo GGI.

[...]

Art. 11 As Câmaras Temáticas se configuram em espaços temporários de escuta popular e de interlocução entre o GGI e a sociedade civil sobre um determinado tema.

[...]

Art. 12 As decisões dos GGI serão sempre tomadas por consenso, sem hierarquia e subordinação entre seus membros e respeitando as autonomias institucionais, visando a cooperação mútua, a integração sistêmica e a interlocução permanente entre as instituições do sistema de justiça criminal e as instâncias promotoras da segurança pública.

Art. 13 Incumbe aos Colegiados Plenos, quando da instituição do GGI, a elaboração de Regimento Interno, com vistas à definição, objetivos e organização dos Gabinetes, respeitadas as normas gerais previstas nesta Portaria.

Art. 14 O Regimento Interno deverá estabelecer a periodicidade das reuniões ordinárias do GGI, que deverão ser, no mínimo, mensais.

[...]

Art. 21 **Os GGI-M serão constituídos em âmbito municipal** de acordo com o interesse público, respeitadas as suas competências e atribuições, atuando nos termos do art 3º e serão compostos, no mínimo, pelos representantes dos seguintes órgãos (ou equivalentes):

I – Prefeito Municipal, que o presidirá;

II – Secretário Municipal de Segurança Pública;

III – Secretário Municipal de Transporte ou Mobilidade Urbana;

IV – Secretário Municipal de Obras e Infraestrutura;

V – Secretário Municipal de Direitos Humanos;

VI – Secretário Municipal de Políticas para as Mulheres;

VII – Secretário Municipal de Políticas para Juventude;

VIII – Diretor da Guarda Municipal, quando existente no Município.

Art. 22 Deverão ser **convidados para participar do GGI-M** gestores representantes dos seguintes órgãos (ou equivalentes), sediados no município:

I – Polícia Militar;

II – Corpo de Bombeiros Militar;

III – Polícia Civil;

IV – Polícia Científica;

V – Receita Federal do Brasil, quando existente no Município;

VI – Polícia Federal, quando existente no Município; e

VII – Polícia Rodoviária Federal, quando existente no Município.

§ 1º Deverão **ser convidados para participar do GGI-M** representantes dos seguintes órgãos, sediados no município:

I – Poder Judiciário estadual;

II – Ministério Público estadual;

III – Defensoria Pública estadual; e

IV – Câmara Legislativa Municipal.

§ 2º É **assegurada ainda a participação de um representante** indicado por cada um dos seguintes órgãos:

I – Secretaria Nacional de Segurança Pública/MJ; e

II – GGI-E ou Distrital e do GGI-Fron, onde houver.

§ 3º Os GGI-M poderão ser compostos por representantes convidados de outras Secretarias ou órgãos governamentais, conforme a necessidade e pertinência temática, desde que respeitados os limites de sua atribuição e atendidas as diretrizes gerais desta Portaria.

[...]

Art. 23 Incumbe às Secretarias afetas à Segurança Pública dos Estados, Distrito Federal e Municípios, a execução do disposto na presente Portaria, respeitadas as atribuições previstas no art. 144 da Constituição Federal.

Art. 24 É de responsabilidade dos GGI e suas respectivas secretarias envolvidas, a capacitação e treinamento dos profissionais que executarão as tarefas dispostas nesta Portaria.

Art. 25 Caberá aos respectivos GGI, nas suas diversas modalidades, criarem mecanismos de interlocução e integração sistêmica entre si, levando-se em conta àquela que tenham atuação geográfica coincidente, segundo os parâmetros desta Portaria.

[...]

> Art. 27 O Colegiado Pleno de cada GGI deverá produzir documentação comprobatória de suas ações e encaminhá-la regularmente à SENASP/MJ, através dos mecanismos disponibilizados pela citada Secretaria, em especial pela alimentação do InfoGGI.
>
> Parágrafo único. Serão priorizados nos Editais de chamamento público de propostas da SENASP/MJ, os projetos de Estados, Distrito Federal, consórcios e Municípios que mantenham estruturados e em funcionamento GGI, bem como alimentem o InfoGGI. (Brasil, 2014e, grifo nosso)

Convém ressaltarmos que o InfoGGI foi criado em 8 de abril de 2015 pela Senasp com a finalidade de auxiliar no combate ao crime nos estados, no Distrito Federal e nos municípios, permitindo que os governadores e os prefeitos aprimorem suas políticas locais de segurança pública e venham a integrar planejamentos e ações nas esferas municipal, estadual e federal.

Considerando que, com a edição da Lei n. 13.675/2018 – a qual instituiu o Susp –, nada foi mencionado em relação aos GGI (sendo inclusive suas atividades semelhantes às descritas de maneira superficial em relação aos Conselhos de Segurança Pública e Defesa Social), existe a possibilidade das ações até então desenvolvidas por esses órgãos serem absorvidas pelos novos conselhos ao se regulamentá-los.

6.8 Defesa Civil

Muito embora as nossas constituições, desde o período imperial, sempre tenham tratado do tema da defesa e do amparo ao Estado e ao cidadão em caso de desastres naturais ou produzidos pelo homem, somente no período da Segunda Guerra Mundial essa preocupação tomou vulto e se tornou foco dos debates e das ações do governo brasileiro, assim como do de vários países.

Como marco inicial dessas ações, ocorreu, na Inglaterra, a criação de um órgão de defesa civil com o nome de *Civil Defense*, por volta de 1941.

O Brasil começou a tratar efetivamente sobre o assunto em 1942, após ter sofrido ataque contra três navios militares no litoral de Sergipe e contra uma embarcação civil no litoral do estado da Bahia, além de um cargueiro que estava fazendo o resgate das vítimas da embarcação civil.

Assim, em agosto de 1942, foi criada a primeira estrutura de defesa civil no Brasil, chamada **Serviço de Defesa Passiva Antiaérea**.

No ano seguinte, com a publicação do Decreto-Lei n. 5.861, de 30 de setembro de 1943 (Brasil, 1943), tivemos a alteração da denominação de Defesa Passiva Antiaérea para **Serviço de Defesa Civil**. Para supervisionar esse serviço, foi criada a Diretoria Nacional do Serviço da Defesa Civil, vinculada ao Ministério da Justiça e Negócios Interiores.

Passadas mais de duas décadas da extinção da Diretoria Nacional do Serviço da Defesa Civil, que ocorreu no ano de 1946, o Brasil começou novamente a estruturar a defesa civil, com a entrada em vigor do Decreto n. 64.568, de 22 de maio de 1969 (Brasil, 1969b), que criou um grupo de trabalho para elaborar um plano de defesa permanente contra calamidades públicas.

Com o grupo de trabalho instituído no antigo Estado da Guanabara, foi elaborado o primeiro Plano Diretor de Defesa Civil, que culminou na criação das Coordenadorias Regionais de Defesa Civil (Redec), no referido estado. Podemos considerar esse como o marco inicial da institucionalização do Sistema Estadual de Defesa Civil no Brasil.

Uma década após a criação das Redecs, o governo federal, por meio do Decreto n. 83.839, de 13 de agosto de 1979 (Brasil, 1979), criou a Secretaria Especial de Defesa Civil (Sedec), vinculada ao Ministério do Interior.

Em 1988, com a entrada em vigor do Decreto n. 97.274, de 16 de dezembro de 1988 (Brasil, 1988b), foi instituída a organização do **Sistema Nacional de Defesa Civil** (Sindec), que passou a considerar as ações de prevenção como atribuições da defesa civil.

Em 22 de dezembro de 1989, a Assembleia Geral da ONU aprovou a Resolução 44/236, que estabeleceu o ano de 1990 como início da década internacional para redução dos desastres naturais – DIRDN (ONU, 1989).

O Brasil, a fim de cumprir com o compromisso firmado, elaborou o Plano Nacional de Redução de Desastres para a década de 1990, prevendo metas e programas a serem atingidos até o ano 2000. Esse plano recebeu o nome de Política Nacional de Defesa Civil (PNDC), estruturada em quatro grandes eixos ou pilares: prevenção, preparação, resposta e reconstrução.

O plano previa ainda:

1. a reestruturação da Sedec como Secretaria Especial de Defesa Civil;
2. a classificação, a tipificação e a codificação de desastres, ameaças e riscos, embasados na realidade brasileira;
3. a organização dos *Manuais de planejamento em defesa civil*;
4. a criação de um programa de capacitação em desastres, com o enfoque na preparação de gestores nacionais, estaduais, municipais e de áreas setoriais para atuar em todo o território nacional.

Em 27 de outubro de 2009, mediante Decreto Federal, foi convocada e posteriormente realizada a **1ª Conferência Nacional de Defesa Civil e Assistência Humanitária**.

Essa conferência reuniu 1.500 delegados representantes dos estados, do Distrito Federal e dos municípios brasileiros e destacou a importância do fortalecimento das instituições municipais de defesa civil. Durante os trabalhos, foram aprovadas 104 diretrizes nacionais de defesa civil.

Com a edição da Medida Provisória n. 494, de 2 de julho de 2010 (Brasil, 2010d), posteriormente convertida na Lei n. 12.340, de 1º de dezembro de 2010 (Brasil, 2010c), e regulamentada pelo Decreto n. 7.257, de 4 de agosto de 2010 (Brasil, 2010a), o Sindec foi remodelado, passando a ter novas atribuições oriundas dos trabalhos desenvolvidos na Conferência Nacional. A MP tratou também das transferências de recursos para ações de socorro, de assistência às vítimas, de restabelecimento de serviços essenciais e de reconstrução nas áreas atingidas por desastres pelo Fundo Especial para Calamidades Públicas.

Um dos grandes avanços dessa legislação foi a criação de instrumentos legais e de gestão com o objetivo de agilizar a ação dos entes da federação nos casos de atendimento a populações em áreas atingidas por desastres, em situação de emergência ou em estado de calamidade pública.

Consagrando a legislação brasileira em relação à proteção e à defesa civil, a Lei n. 12.608, de 12 de abril de 2012 (Brasil, 2012a), instituiu a **Política Nacional de Proteção e Defesa Civil** (PNPDEC), além de dispor sobre o Sistema Nacional de Proteção e Defesa Civil (Sinpdec) e o **Conselho Nacional de Proteção e Defesa Civil** (Conpdec) e, por fim, autorizar a criação de um sistema de informações e monitoramento de desastres.

Assim, hoje as ações de proteção e de defesa civil em âmbito nacional são desenvolvidas no Sinpdec, constituído pelos órgãos e pelas entidades da administração pública federal, dos estados, do Distrito Federal e dos municípios e pelas entidades públicas e privadas de atuação significativa na área de proteção e de defesa civil.

A legislação que trata sobre a proteção e a defesa civil estabelece que "É dever da União, dos Estados, do Distrito Federal e dos

Municípios adotar as medidas necessárias à redução dos riscos de desastres" (Brasil, 2012a, grifo nosso), incorporando as ações de proteção e de defesa civil nos seus respectivos planejamentos.

Todos os estados da federação possuem um órgão responsável pelo desenvolvimento das atividades de proteção e de defesa civil: a Coordenadoria Estadual de Proteção e Defesa Civil.

Atendendo a legislação em vigor, os municípios, por sua vez, têm constituído suas **Coordenadorias Municipais de Proteção e Defesa Civil**, responsáveis pela execução, pela coordenação e pela mobilização de todas as ações de proteção e de defesa civil no município.

Segundo a Lei n. 12.608/2012:

> Art. 3º A PNPDEC abrange as ações de prevenção, mitigação, preparação, resposta e recuperação voltadas à proteção e à defesa civil.
>
> Parágrafo único. A PNPDEC deve integrar-se às políticas de ordenamento territorial, desenvolvimento urbano, saúde, meio ambiente, mudanças climáticas, gestão de recursos hídricos, geologia, infraestrutura, educação, ciência e tecnologia e às demais políticas setoriais, tendo em vista a promoção do desenvolvimento sustentável.

São diretrizes da PNPDEC de acordo com a Lei n. 12.608/2012, art. 4º:

> I – atuação articulada entre a União, os Estados, o Distrito Federal e os Municípios para redução de desastres e apoio às comunidades atingidas;
>
> II – abordagem sistêmica das ações de prevenção, mitigação, preparação, resposta e recuperação;
>
> III – a prioridade às ações preventivas relacionadas à minimização de desastres;

IV – adoção da bacia hidrográfica como unidade de análise das ações de prevenção de desastres relacionados a corpos-d'água;
V – planejamento com base em pesquisas e estudos sobre áreas de risco e incidência de desastres no território nacional;
VI – participação da sociedade civil. (Brasil, 2012a)

São objetivos da PNPDEC segundo o art. 5º da Lei n. 12.608/2012:

I – reduzir os riscos de desastres;
II – prestar socorro e assistência às populações atingidas por desastres;
III – recuperar as áreas afetadas por desastres;
IV – incorporar a redução do risco de desastre e as ações de proteção e defesa civil entre os elementos da gestão territorial e do planejamento das políticas setoriais;
V – promover a continuidade das ações de proteção e defesa civil;
VI – estimular o desenvolvimento de cidades resilientes e os processos sustentáveis de urbanização;
VII – promover a identificação e avaliação das ameaças, suscetibilidades e vulnerabilidades a desastres, de modo a evitar ou reduzir sua ocorrência;
VIII – monitorar os eventos meteorológicos, hidrológicos, geológicos, biológicos, nucleares, químicos e outros potencialmente causadores de desastres;
IX – produzir alertas antecipados sobre a possibilidade de ocorrência de desastres naturais;
X – estimular o ordenamento da ocupação do solo urbano e rural, tendo em vista sua conservação e a proteção da vegetação nativa, dos recursos hídricos e da vida humana;
XI – combater a ocupação de áreas ambientalmente vulneráveis e de risco e promover a realocação da população residente nessas áreas;
XII – estimular iniciativas que resultem na destinação de moradia em local seguro;

XIII – desenvolver consciência nacional acerca dos riscos de desastre;
XIV – orientar as comunidades a adotar comportamentos adequados de prevenção e de resposta em situação de desastre e promover a autoproteção; e
XV – integrar informações em sistema capaz de subsidiar os órgãos do SINPDEC na previsão e no controle dos efeitos negativos de eventos adversos sobre a população, os bens e serviços e o meio ambiente. (Brasil, 2012a)

São competências da União, definidas pelo art. 6º da Lei n. 12.608/2012:

I – expedir normas para implementação e execução da PNPDEC;
II – coordenar o SINPDEC, em articulação com os Estados, o Distrito Federal e os Municípios;
III – promover estudos referentes às causas e possibilidades de ocorrência de desastres de qualquer origem, sua incidência, extensão e consequência;
IV – apoiar os Estados, o Distrito Federal e os Municípios no mapeamento das áreas de risco, nos estudos de identificação de ameaças, suscetibilidades, vulnerabilidades e risco de desastre e nas demais ações de prevenção, mitigação, preparação, resposta e recuperação;
V – instituir e manter sistema de informações e monitoramento de desastres;
VI – instituir e manter cadastro nacional de municípios com áreas suscetíveis à ocorrência de deslizamentos de grande impacto, inundações bruscas ou processos geológicos ou hidrológicos correlatos;
VII – instituir e manter sistema para declaração e reconhecimento de situação de emergência ou de estado de calamidade pública;
VIII – instituir o Plano Nacional de Proteção e Defesa Civil;

IX – realizar o monitoramento meteorológico, hidrológico e geológico das áreas de risco, bem como dos riscos biológicos, nucleares e químicos, e produzir alertas sobre a possibilidade de ocorrência de desastres, em articulação com os Estados, o Distrito Federal e os Municípios;
X – estabelecer critérios e condições para a declaração e o reconhecimento de situações de emergência e estado de calamidade pública;
XI – incentivar a instalação de centros universitários de ensino e pesquisa sobre desastres e de núcleos multidisciplinares de ensino permanente e a distância, destinados à pesquisa, extensão e capacitação de recursos humanos, com vistas no gerenciamento e na execução de atividades de proteção e defesa civil;
XII – fomentar a pesquisa sobre os eventos deflagradores de desastres; e
XIII – apoiar a comunidade docente no desenvolvimento de material didático-pedagógico relacionado ao desenvolvimento da cultura de prevenção de desastres. (Brasil, 2012a)

São competências dos Estados, definidas pelo art. 7º:

I – executar a PNPDEC em seu âmbito territorial;
II – coordenar as ações do SINPDEC em articulação com a União e os Municípios;
III – instituir o Plano Estadual de Proteção e Defesa Civil;
IV – identificar e mapear as áreas de risco e realizar estudos de identificação de ameaças, suscetibilidades e vulnerabilidades, em articulação com a União e os Municípios;
V – realizar o monitoramento meteorológico, hidrológico e geológico das áreas de risco, em articulação com a União e os Municípios;
VI – apoiar a União, quando solicitado, no reconhecimento de situação de emergência e estado de calamidade pública;
VII – declarar, quando for o caso, estado de calamidade pública ou situação de emergência; e

> VIII – apoiar, sempre que necessário, os Municípios no levantamento das áreas de risco, na elaboração dos Planos de Contingência de Proteção e Defesa Civil e na divulgação de protocolos de prevenção e alerta e de ações emergenciais. (Brasil, 2012a)

O art. 8º da Lei n. 12.608/2012 define as competências dos municípios:

> I – executar a PNPDEC em âmbito local;
> II – coordenar as ações do SINPDEC no âmbito local, em articulação com a União e os Estados;
> III – incorporar as ações de proteção e defesa civil no planejamento municipal;
> IV – identificar e mapear as áreas de risco de desastres;
> V – promover a fiscalização das áreas de risco de desastre e vedar novas ocupações nessas áreas;
> VI – declarar situação de emergência e estado de calamidade pública;
> VII – vistoriar edificações e áreas de risco e promover, quando for o caso, a intervenção preventiva e a evacuação da população das áreas de alto risco ou das edificações vulneráveis;
> VIII – organizar e administrar abrigos provisórios para assistência à população em situação de desastre, em condições adequadas de higiene e segurança;
> IX – manter a população informada sobre áreas de risco e ocorrência de eventos extremos, bem como sobre protocolos de prevenção e alerta e sobre as ações emergenciais em circunstâncias de desastres;
> X – mobilizar e capacitar os radioamadores para atuação na ocorrência de desastre;
> XI – realizar regularmente exercícios simulados, conforme Plano de Contingência de Proteção e Defesa Civil;
> XII – promover a coleta, a distribuição e o controle de suprimentos em situações de desastre;

> XIII – proceder à avaliação de danos e prejuízos das áreas atingidas por desastres;
> XIV – manter a União e o Estado informados sobre a ocorrência de desastres e as atividades de proteção civil no Município;
> XV – estimular a participação de entidades privadas, associações de voluntários, clubes de serviços, organizações não governamentais e associações de classe e comunitárias nas ações do SINPDEC e promover o treinamento de associações de voluntários para atuação conjunta com as comunidades apoiadas; e
> XVI – prover solução de moradia temporária às famílias atingidas por desastres. (Brasil, 2012a)

Na Lei n. 12.068/2012, art. 9º, são estabelecidas as competências comuns entre a União, os estados e os municípios:

> I – desenvolver cultura nacional de prevenção de desastres, destinada ao desenvolvimento da consciência nacional acerca dos riscos de desastre no País;
> II – estimular comportamentos de prevenção capazes de evitar ou minimizar a ocorrência de desastres;
> III – estimular a reorganização do setor produtivo e a reestruturação econômica das áreas atingidas por desastres;
> IV – estabelecer medidas preventivas de segurança contra desastres em escolas e hospitais situados em áreas de risco;
> V – oferecer capacitação de recursos humanos para as ações de proteção e defesa civil; e
> VI – fornecer dados e informações para o sistema nacional de informações e monitoramento de desastres. (Brasil, 2012a)

Sobre o Sinpdec e o Conpdec, a Lei n. 12.608/2012 define que:

> Art. 10. O SINPDEC é constituído pelos órgãos e entidades da administração pública federal, dos Estados, do Distrito

Federal e dos Municípios e pelas entidades públicas e privadas de atuação significativa na área de proteção e defesa civil.

Parágrafo único. O SINPDEC tem por finalidade contribuir no processo de planejamento, articulação, coordenação e execução dos programas, projetos e ações de proteção e defesa civil.

Art. 11. O SINPDEC será gerido pelos seguintes órgãos:

I – órgão consultivo: CONPDEC;

II – órgão central, definido em ato do Poder Executivo federal, com a finalidade de coordenar o sistema;

III – os órgãos regionais estaduais e municipais de proteção e defesa civil; e

IV – órgãos setoriais dos 3 (três) âmbitos de governo.

Parágrafo único. Poderão participar do SINPDEC as organizações comunitárias de caráter voluntário ou outras entidades com atuação significativa nas ações locais de proteção e defesa civil.

[...]

Art. 12. O CONPDEC, órgão colegiado integrante do Ministério da Integração Nacional, terá por finalidades:

I – auxiliar na formulação, implementação e execução do Plano Nacional de Proteção e Defesa Civil;

II – propor normas para implementação e execução da PNPDEC;

III – expedir procedimentos para implementação, execução e monitoramento da PNPDEC, observado o disposto nesta Lei e em seu regulamento;

IV – propor procedimentos para atendimento a crianças, adolescentes, gestantes, idosos e pessoas com deficiência em situação de desastre, observada a legislação aplicável; e

> V - acompanhar o cumprimento das disposições legais e regulamentares de proteção e defesa civil.
>
> § 1º A organização, a composição e o funcionamento do CONPDEC serão estabelecidos em ato do Poder Executivo federal.
>
> § 2º O CONPDEC contará com representantes da União, dos Estados, do Distrito Federal, dos Municípios e da sociedade civil organizada, incluindo-se representantes das comunidades atingidas por desastre, e por especialistas de notório saber. (Brasil, 2012a)

O governo federal deve "instituir e manter o cadastro nacional de municípios com áreas suscetíveis à ocorrência de deslizamentos de grande impacto, inundações bruscas ou processos geológicos ou hidrológicos correlatos" (Brasil, 2012a, art. 6º, VI), conforme regulamento. A inclusão no cadastro pode ocorrer "por iniciativa do Município ou mediante indicação dos demais entes federados, observados os critérios e procedimentos previstos em regulamento" (Brasil, 2012a, art. 3º-A, § 1º).

Conforme o parágrafo 2º do art. 3º-A da Lei 12.608/2012:

> § 2º Os Municípios incluídos no cadastro deverão:
>
> I - elaborar mapeamento contendo as áreas suscetíveis à ocorrência de deslizamentos de grande impacto, inundações bruscas ou processos geológicos ou hidrológicos correlatos;
> II - elaborar Plano de Contingência de Proteção e Defesa Civil e instituir órgãos municipais de defesa civil, de acordo com os procedimentos estabelecidos pelo órgão central do Sistema Nacional de Proteção e Defesa Civil - SINPDEC;
> III - elaborar plano de implantação de obras e serviços para a redução de riscos de desastre;
> IV - criar mecanismos de controle e fiscalização para evitar a edificação em áreas suscetíveis à ocorrência de deslizamentos

> de grande impacto, inundações bruscas ou processos geológicos ou hidrológicos correlatos; e
> V – elaborar carta geotécnica de aptidão à urbanização, estabelecendo diretrizes urbanísticas voltadas para a segurança dos novos parcelamentos do solo e para o aproveitamento de agregados para a construção civil.

Hoje, em todos os países que implantaram a defesa civil, ela é organizada em sistemas abertos com a participação dos governos locais e da população no desencadeamento das ações preventivas e de resposta aos desastres, seguindo o princípio da defesa comunitária.

É fundamental a criação de um órgão municipal específico que trate da gestão de risco e da gestão do desastre. Esse órgão tem as atribuições de conhecer e de identificar os riscos de desastres no município, focado em ações de prevenção e integrado com a comunidade local, contribuindo para que tenhamos uma população organizada e preparada para minimizar os riscos e devidamente orientada e preparada para agir em caso de necessidade.

São agentes de proteção e defesa civil:

> I –os **agentes políticos** da União, dos estados, do Distrito Federal e dos Municípios responsáveis pela direção superior dos órgãos do SINPDEC;
>
> II – os **agentes públicos** responsáveis pela coordenação e direção de órgãos ou entidades públicas prestadores dos serviços de proteção e defesa civil;
>
> III – os **agentes públicos** detentores de cargo, emprego ou função pública, civis ou militares, com atribuições relativas à prestação ou execução dos serviços de proteção e defesa civil; e
>
> IV – os **agentes voluntários**, vinculados a entidades privadas ou prestadores de serviços voluntários que exercem, em

> caráter suplementar, serviços relacionados à proteção e à defesa civil. (Brasil, 2012a, art. 18, grifo nosso)

Ressaltamos aqui o disposto no Estatuto Geral das Guardas Municipais – Lei n. 13.022, de 8 de agosto de 2014 (Brasil, 2014b) –, que, em seu art. 5º, inciso VIII, menciona "cooperar com os demais órgãos de defesa civil [...]". Esclarecemos, portanto, que os guardas municipais nos municípios, assim como os policiais e os bombeiros militares nos estados e os militares das forças armadas da União, são agentes de proteção de defesa civil, considerados força operacional em situações de anormalidade, quando, via de regra, disponibilizam seu contingente para pronto emprego nas ações de defesa civil.

6.9 Agente de trânsito

Com a Lei n. 9.503, de 23 de setembro de 1997 (Brasil, 1997b), o Código de Trânsito Brasileiro (CTB), os municípios passaram a ter mais uma competência, reassumindo a responsabilidade diretamente relacionada à fiscalização e ao controle de tráfego veicular nos seus municípios, conforme o disposto no art. 5º do CTB. Vejamos:

> Art. 5º O Sistema Nacional de Trânsito é o conjunto de órgãos e entidades da União, dos Estados, do Distrito Federal e dos **Municípios que tem por finalidade** o exercício das atividades de planejamento, administração, normatização, pesquisa, registro e licenciamento de veículos, formação, habilitação e reciclagem de condutores, educação, engenharia, **operação do sistema viário, policiamento, fiscalização,** julgamento de infrações e de recursos e aplicação de penalidades. (Brasil, 1997b, grifo nosso)

Os municípios, seguindo o estabelecido em lei, criaram órgãos executivos de trânsito para gerenciar e exercer funções técnicas, como: planejamento, administração, normatização, pesquisa, educação, engenharia, operação do sistema viário, julgamento de infrações e de recursos e aplicação de penalidades.

Por sua vez, as funções relacionadas à segurança viária – o policiamento e a fiscalização de trânsito –, em alguns municípios, foram delegadas aos integrantes da guarda municipal. Em outros, optou-se por instituir uma carreira própria para o exercício da função de agente de trânsito.

Em ambos os exemplos, não vislumbramos qualquer ilegalidade, uma vez que a legislação que trata da matéria em momento algum restringe uma ou outra prática por parte do administrador municipal.

Por ser uma prerrogativa do município vinculada ao seu poder discricionário, o Poder Executivo municipal, de acordo com as suas condições financeiras, pode optar por manter uma instituição que atue em vários segmentos ou por duas instituições distintas, uma para operar no policiamento do trânsito e outra, no policiamento preventivo das cidades.

Com a entrada em vigor da Emenda Constitucional n. 82, de 16 de julho de 2014 (Brasil, 2014a), a Constituição Federal passou a disciplinar a matéria sobre o trânsito, inserindo-a no capítulo que trata da segurança pública. Assim, o art. 144 da Constituição foi acrescido do parágrafo 10, incisos I e II. Vejamos:

> § 10. A segurança viária, exercida para a **preservação da ordem pública e da incolumidade das pessoas** e do seu patrimônio nas vias públicas
>
> I – compreende a educação, engenharia e fiscalização de trânsito, além de outras atividades previstas em lei, que assegurem ao cidadão o direito à mobilidade urbana eficiente; e

> II – **compete**, no âmbito dos Estados, do Distrito Federal e dos Municípios, aos respectivos órgãos ou entidades executivos e seus **agentes de trânsito, estruturados em Carreira, na forma da lei**. (Brasil, 1988a, grifo nosso)

Com uma rápida leitura do texto constitucional, conseguimos compreender, conforme descrito no *caput* do parágrafo 10, concomitante com o inciso II, que compete ao agente de trânsito exercer a segurança viária das vias públicas das cidades, com a finalidade de garantir a **preservação da ordem pública** e da **incolumidade das pessoas** e do seu **patrimônio**.

Logo, vemos que o servidor público municipal que exerce a atividade de segurança viária realiza o policiamento das vias públicas, pois está imbuído da missão de manter a ordem pública e de garantir a segurança das pessoas e de seu patrimônio.

Por conseguinte, em breve teremos profissionais dessa área devendo cumprir as mesmas regras estabelecidas para as guardas municipais no que se refere a formação, qualificação e aperfeiçoamento, além das exigências inerentes ao porte de arma, como instalação de corregedoria, ouvidoria, curso de armamento e de tiro, avaliação de capacidade técnica e psicológica, entre outras.

Com a entrada em vigor do Estatuto Geral das Guardas Municipais, em 8 de agosto de 2014, em seu art. 5º, inciso VI, foi facultada ao administrador municipal a possibilidade de empregar o efetivo da guarda municipal para exercer as competências de trânsito de forma regulamentar ou, mediante convênio, de forma concorrente. Vejamos o que diz o texto legal:

> Art. 5
>
> [...]
>
> VI – **exercer as competências de trânsito que lhes forem conferidas**, nas vias e logradouros municipais, nos termos da

> Lei n° 9.503, de 23 de setembro de 1997 (Código de Trânsito Brasileiro), **ou de forma concorrente**, mediante convênio celebrado com órgão de trânsito estadual ou municipal [...]
> (Brasil, 2014a, grifo nosso)

Como mencionamos anteriormente, essa norma é facultativa ao município, ou seja, não determina que o efetivo da guarda municipal seja empregado especificamente como agente de trânsito. Cabe a cada município optar ou não por aplicar esse dispositivo legal, de forma total ou parcial, muito embora, por uma questão de economicidade, aparentemente seja mais viável que a guarda municipal venha efetivamente a desempenhar essa atribuição, somada às demais funções de sua competência.

6.9.1 Breve histórico da atuação das guardas municipais no trânsito

Alguns munícipios, em cumprimento com sua competência legal, conforme estabelece o Código Nacional de Trânsito em seu art. 5°, no que se refere ao policiamento e à fiscalização do sistema viário, criaram a guarda municipal para atuar inicialmente no trânsito, de forma exclusiva. Como exemplo, temos a cidade do Rio de Janeiro.

Outros municípios, por sua vez, criaram a instituição com atuação em outra área e, ao longo dos anos, acabaram transferindo novas atribuições a ela, como a cidade de Belo Horizonte, que criou sua guarda municipal em 2003, por meio da Lei Municipal n. 8.486, de 20 de janeiro de 2003 (Belo Horizonte, 2003), vindo a acrescer a suas competências a da segurança viária, em 2007, quando da aprovação do Estatuto da Guarda Municipal de Belo Horizonte, com a publicação da Lei Municipal n. 9.319, de 15 de janeiro de 2007 (Belo Horizonte, 2007b), regulamentada pelo Decreto Municipal n. 12.615, de 19 de janeiro de 2007 (Belo Horizonte, 2007a).

Esse fato, que ocorreu antes da entrada em vigor da Emenda Constitucional n. 82/2014 e da Lei n. 13.022/2014, foi o suficiente para que o Procurador-Geral de Justiça do Estado de Minas Gerais impetrasse uma ação direta de inconstitucionalidade. Essa ação seguiu seu trâmite normal, vindo a ser julgada pelo Supremo Tribunal Federal em 6 de agosto de 2015, consolidando, assim, o emprego das guardas municipais no policiamento de trânsito. Vejamos a ementa da decisão judicial:

> DIREITO ADMINISTRATIVO. RECURSO EXTRAORDINÁRIO. PODER DE POLÍCIA. IMPOSIÇÃO DE MULTA DE TRÂNSITO. GUARDA MUNICIPAL. CONSTITUCIONALIDADE.
>
> 1. Poder de polícia não se confunde com segurança pública. O exercício do primeiro não é prerrogativa exclusiva das entidades policiais, a quem a Constituição outorgou, com exclusividade, no art. 144, apenas as funções de promoção da segurança pública.
>
> 2. A fiscalização do trânsito, com aplicação das sanções administrativas legalmente previstas, embora possa se dar ostensivamente, constitui mero exercício de poder de polícia, não havendo, portanto, óbice ao seu exercício por entidades não policiais.
>
> 3. O Código de Trânsito Brasileiro, observando os parâmetros constitucionais, estabeleceu a competência comum dos entes da federação para o exercício da fiscalização de trânsito.
>
> 4. Dentro de sua esfera de atuação, delimitada pelo CTB, **os Municípios podem determinar que o poder de polícia que lhe compete seja exercido pela guarda municipal.**
>
> 5. O art. 144, §8º, da CF, não impede que a guarda municipal exerça funções adicionais à de proteção dos bens, serviços e instalações do Município. Até mesmo instituições policiais podem cumular funções típicas de segurança pública com exercício de poder de polícia. **Entendimento que não foi alterado pelo advento da EC nº 82/2014.**

> 6. Desprovimento do recurso extraordinário e fixação, em repercussão geral, da seguinte tese: é constitucional a atribuição às guardas municipais do exercício de poder de polícia de trânsito, inclusive para imposição de sanções administrativas legalmente previstas. (Brasil, 2015b, grifo nosso e do original)

Em relação a essa decisão judicial, exarada pelo Supremo Tribunal Federal, após a entrada em vigor da Emenda Constitucional n. 82/2014 e do Estatuto Geral das Guardas Municipais, temos a esclarecer que ela não prejudicou a aplicação de ambas as normas jurídicas, uma vez que o entendimento dos ministros se consolidou na competência dos municípios em ter a faculdade de determinar que o poder de polícia que lhe compete seja exercido pela guarda municipal.

Essa decisão segue os princípios definidos no Plano Nacional de Segurança Pública, que preconiza a adequada capacitação das guardas municipais, inclusive para a área de trânsito.

6.10 Conselho Comunitário de Segurança

O primeiro Conselho Comunitário de Segurança (Conseg) no Brasil foi fundado no município de Londrina em 11 de janeiro de 1982, como uma sociedade civil sem fins lucrativos, pessoa jurídica de direito privado, com seus estatutos constitutivos devidamente apontados sob o n. 69.630, registrados sob o n. 256 – Livro J, em 2 de abril de 1982, no 1º Ofício do Registro de Títulos e Documentos de Londrina. Podemos então considerar esse ato constitutivo como o marco inicial no Brasil das ações de polícia comunitária.

Essa iniciativa foi muito importante para tratar das políticas de segurança pública de forma integrada com a comunidade local, porém foram necessárias quase duas décadas para que o Poder Público estadual viesse a assumir essa ideia e incorporar suas ações. Assim, com o Decreto Estadual n. 1.790, de 5 de setembro de 2003 (Paraná, 2003a), o governo do Estado do Paraná criou os Conselhos Comunitários de Segurança (Conseg), regulamentados no mesmo ano, com a entrada em vigor do Decreto Estadual n. 2.332, de 10 de dezembro de 2003 (Paraná, 2003b).

O Conseg tem a finalidade de reunir a sociedade civil organizada e os Poderes Públicos constituídos que atuam diretamente na área de segurança pública para criar um espaço favorável ao debate sobre segurança pública e o enfrentamento da violência, bem como sobre fatores relacionados à causa de insegurança em determinada região.

Em síntese, é uma reunião periódica de integrantes dos órgãos de segurança pública e da comunidade local, que tem o objetivo de discutir assuntos e estratégias de ação na área de segurança pública voltados ao fortalecimento regional, à integração dos moradores e dos agentes de segurança que atuam na região e, em especial, à implementação de ações que venham a auxiliar no combate e na diminuição dos níveis de insegurança da referida localidade.

Objetivos do Conseg:
» Integrar comunidade e autoridades policiais com ações que resultem na melhoria da qualidade de vida da população;
» Propor às autoridades definições de prioridades na segurança pública na região;
» Articular a comunidade visando à prevenção e à solução de problemas ambientais e sociais;
» Incentivar a interação da comunidade com os agentes de segurança pública em busca da resolução de problemas de insegurança local.

O Conseg tem como finalidade:

» Constituir-se no principal canal por meio do qual a Secretaria da Segurança Pública auscultará a sociedade, contribuindo para que a polícia estadual opere em função do cidadão e da comunidade;

» Integrar a comunidade com as autoridades policiais nas respectivas áreas de circunscrição policial ou do município, cooperando com as ações integradas de segurança que resultem na melhoria da qualidade de vida da população;

» Propor às autoridades policiais a definição de prioridades na segurança pública nas áreas circunscricionadas pelos Consegs;

» Articular a comunidade visando à prevenção e à solução de problemas ambientais e sociais que tragam implicações policiais;

» Estimular o espírito cívico comunitário na área dos respectivos Consegs;

» Promover e implantar programas de orientação e de divulgação de ações de autodefesa às comunidades, estabelecendo parcerias, visando a projetos e a campanhas educativas de interesse da segurança pública;

» Promover eventos comunitários que fortaleçam os vínculos da comunidade com sua polícia e o valor da integração de esforços para atos e condições seguras na prevenção de infrações e acidentes;

» Colaborar com iniciativas de outros órgãos que visem ao bem-estar da comunidade, desde que não colidam com o disposto na legislação e no regulamento;

» Desenvolver e implantar sistemas para coleta, análise e utilização de avaliação dos serviços atendidos pelos órgãos policiais, bem como reclamações e sugestões do público;

» Levar ao conhecimento da coordenação estadual as sugestões e reivindicações da comunidade;

» Propor às autoridades competentes a adoção de medidas que tragam melhores condições de trabalho aos policiais e integrantes dos demais órgãos que prestam serviço à causa da segurança da comunidade;

» Colaborar para a interação das unidades policiais com vistas ao saneamento dos problemas comunitários;

» Colaborar com as ações de Defesa Civil quando solicitado, prestando o apoio necessário nas respectivas circunscrições.

Compõem a estrutura do Conseg a Diretoria Executiva e os membros natos.

Diretoria Executiva:

I – Presidência;

II – Vice-Presidência;

III – 1ª Secretaria;

IV – 2ª Secretaria;

V – 1ª Tesouraria;

VI – 2ª Tesouraria;

VII – Conselho Fiscal;

VIII – Conselho Deliberativo;

IX – Conselho de Ética e Disciplina.

Membros natos efetivos:

I – Delegado de Polícia, titular do Distrito Policial da área;

II – Comandante da Unidade Policial Militar da área

III – um representante da Ciretran;

IV – um representante do núcleo de educação.

Membros natos convidados:

I – um representante da prefeitura do município;

II – um representante do Poder Judiciário;

III – um representante do Ministério Público;

IV – um representante da associação comercial e industrial do município.

Via de regra, nos municípios que contam com guarda municipal, seus integrantes costumam ocupar assento, representando a prefeitura.

Atualmente, pela Coordenação Estadual dos Conselhos Comunitários de Segurança, existe um estudo no sentido de inserir as guardas municipais como membros natos efetivos dos Consegs.

Síntese

Neste capítulo, ao estudarmos os instrumentos de gestão municipal, aprofundamos nosso entendimento acerca dos assuntos relacionados ao Plano Nacional de Segurança Pública, instrumento que tem servido, por quase duas décadas consecutivas, como ferramenta de gestão do governo federal nas questões relacionadas à segurança pública.

Tivemos ainda a oportunidade de conhecer mais sobre a proteção e a defesa civil municipais, sobre questões relacionadas à função municipal do agente de trânsito e, por fim, sobre o Conselho Comunitário de Segurança (Conseg), que integram efetivamente a comunidade e as forças de segurança pública.

Questões para revisão

1) Discorra sobre o Sistema Único de Segurança Pública.

2) Com a entrada em vigor da Emenda Constitucional n. 82, de 16 de julho de 2014 (Brasil, 2014a), o que mudou em relação à atribuição do agente de trânsito?

3) Quando da elaboração do Plano Nacional de Segurança Pública, a ação número 56, que trata sobre as guardas

municipais, estabeleceu como meta: "Apoiar e incentivar a criação de Guardas Municipais desmilitarizadas e desvinculadas da força policial, estabelecendo atribuições nas atividades de segurança pública e adequada capacitação, inclusive para a área de trânsito" (Brasil, 2000).

Assinale a afirmação correta a respeito do enunciado.

a. A intenção do governo federal é criar polícias municipais militarizadas e vinculadas às demais forças militares.

b. A intenção do governo federal é criar instituições municipais com atribuições exclusivas de segurança pública e com subordinação direta aos governos estaduais.

c. A intenção do governo federal é apoiar a criação de guardas municipais civis e sem vínculo de subordinação com as demais forças policiais, tendo suas atribuições voltadas à segurança pública, incluindo a área de trânsito.

d. A intenção do governo federal é transformar as guardas municipais em força auxiliar das polícias estaduais com vínculo de subordinação a estas.

4) Assinale a alternativa que preenche corretamente a seguinte frase:

O Gabinete de Gestão Integrada (GGI) é uma ferramenta de gestão que reúne o conjunto de instituições que incide sobre a política de segurança no município, promovendo _____ e _____ de _____ e enfrentamento da violência e da criminalidade e aumentando a percepção da segurança por parte da população.

Assinale a questão correta a respeito deste enunciado.

a) ações conjuntas; sistêmicas; prevenção.
b) reuniões conjuntas; sistêmicas; prevenção.
c) ações isoladas; sistêmicas; repressão.
d) reuniões conjuntas; idênticas; prevenção.

5) Veja o disposto na Constituição Federal, em seu art. 144, parágrafo 10:

> § 10. A segurança viária, exercida para a preservação da ordem pública e da incolumidade das pessoas e do seu patrimônio nas vias públicas:
>
> I – compreende a educação, engenharia e fiscalização de trânsito, além de outras atividades previstas em lei, que assegurem ao cidadão o direito à mobilidade urbana eficiente; e
>
> II – compete, no âmbito dos Estados, do Distrito Federal e dos Municípios, aos respectivos órgãos ou entidades executivos e seus agentes de trânsito, estruturados em Carreira, na forma da lei.

Assinale a afirmação correta a respeito do texto.

a. É correto afirmar que a segurança viária somente deverá ser exercida por policial militar, uma vez que deve visar à preservação da ordem pública e da incolumidade das pessoas.

b. É correto afirmar que os agentes de trânsito municipais exercem o policiamento de trânsito.

c. É correto afirmar que a segurança viária não deve ser exercida com a finalidade de preservação da ordem pública.

d. É correto afirmar que os agentes de trânsito municipais não podem exercer o policiamento de trânsito.

Questões para reflexão

1) Como vimos, a ação promovida pela comunidade e registrada em cartório que deu origem aos Conselhos Comunitários de Segurança no Brasil foi uma iniciativa local que aconteceu há

mais de vinte anos e tem contribuído de maneira significativa para a redução da criminalidade e para o aumento da segurança. Seguindo essa linha de entendimento, reflita sobre o que você tem feito para aumentar a segurança da sua cidade.

2) Defesa civil é uma ação inerente à pessoa humana e pode ser considerada uma atividade oriunda do direito natural, pois sua principal missão é salvaguardar o direito à vida. O que você pensa disso?

Para saber mais

BISCAIA, A. C. et al. (Coord.). **Projeto segurança pública para o Brasil**. São Paulo: Instituto Cidadania; Fundação Djalma Guimarães, 2003. Disponível em: <http://www.dhnet.org.br/redebrasil/executivo/nacional/anexos/pnsp.pdf>. Acesso em: 30 mar. 2017

BRASIL. Câmara dos Deputados. Projeto de Lei n. 3.734, de 2012. Disciplina a organização e o funcionamento dos órgãos responsáveis pela segurança pública, nos termos do § 7º do art. 144 da Constituição, institui o Sistema Único de Segurança Pública – SUSP, dispõe sobre a segurança cidadã, e dá outras providências. 23 abr. 2012. Disponível em: <http://www.camara.gov.br/proposicoesWeb/fichadetramitacao?idProposicao=542102>. Acesso em: 29 mar. 2017.

BRASIL. Ministério da Justiça. Secretaria Nacional de Segurança. **Gabinetes de gestão integrada municipais**: documento orientador. Disponível em: <http://www.justica.gov.br/sua-seguranca/seguranca-publica/senasp-1/documento-orientador-site-do-mj.pdf>. Acesso em: 30 mar. 2017.

PLANO Nacional de Segurança Pública. Brasília, 2000. Disponível em: <http://www.observatoriodeseguranca.org/>. Acesso em: 28 mar. 2017.

Consultando a legislação

BRASIL. Decreto n. 7.413, de 30 de dezembro de 2010. **Diário Oficial da União**, Poder Executivo, Brasília, DF, 31 dez. 2010. Disponível em: <http://www2.camara.leg.br/legin/fed/decret/2010/decreto-7413-30-dezembro-2010-609905-publicacaooriginal-131234-pe.html>. Acesso em 28 mar. 2017.

BRASIL. Lei n. 9.503, de 23 de setembro de 1997. **Diário Oficial da União**, Poder Legislativo, Brasília, DF, 24 set. 1997. Disponível em: <http://www.planalto.gov.br/ccivil_03/leis/L9503.htm>. Acesso em: 27 mar. 2017.

BRASIL. Lei n. 10.201, de 14 de fevereiro de 2001. **Diário Oficial da União**, Poder Executivo, Brasília, DF, 16 fev. 2001. Disponível em: <http://www.planalto.gov.br/ccivil_03/leis/LEIS_2001/L10201.htm>. Acesso em: 24 mar. 2017.

BRASIL. Lei n. 11.530, de 24 de outubro de 2007. **Diário Oficial da União**, Poder Executivo, Brasília, DF, 25 out. 2007. Disponível em: <http://www.planalto.gov.br/ccivil_03/_ato2007-2010/2007/lei/L11530.htm>. Acesso em: 30 mar. 2017.

BRASIL. Ministério da Justiça. Secretaria Nacional de Segurança Pública. Portaria n. 1, de 16 de janeiro de 2014. **Diário Oficial da União**, Poder Executivo, Brasília, DF, 20 jan. 2014. Disponível em: <http://www.lex.com.br/legis_25237222_PORTARIA_N_1_DE_16_DE>. Acesso em: 30 mar. 2017.

BRASIL. Supremo Tribunal Federal. Recurso Extraordinário 658570/MG, 30 de setembro de 2015. Relator: Ministro Marco Aurélio. Relator para Acórdão: Ministro Roberto Barroso. **Diário da Justiça**, Brasília, DF, 30 set. 2015.

PARANÁ. Secretaria da Segurança Pública e Administração Penitenciária. Coordenação Estadual dos Conselhos Comunitários de Segurança. Disponível em: <http://www.conseg.pr.gov.br/>. Acesso em: 30 mar. 2017.

Em período de regime ditatorial, o tema da segurança pública municipal poderia até parecer antagônico, uma vez que o poder era centralizado e geralmente controlado pelas forças de repressão. Quando vivemos em um regime democrático de direito, no entanto, é perfeitamente viável e necessária a transferência de parcela de responsabilidade pela segurança pública a todos os entes federados, inclusive aos municípios, independentemente de extensão territorial, renda *per capita* ou quantidade populacional.

Como exemplo, podemos citar alguns países considerados desenvolvidos, como Portugal, Canadá, Reino Unido, Estados Unidos, Suécia, Espanha, Itália e Japão, entre outros, que mantêm a forma de policiamento municipal, possibilitando, assim, maior segurança à população e contribuindo de maneira significativa para com os fatores de redução da criminalidade e, consequentemente, para com o desenvolvimento global.

No Brasil, motivar as ações do município para que venham a atuar de forma ordeira e disciplinada na segurança municipal é função primordial da União, dos estados, do Distrito Federal e dos próprios municípios.

Assim, devemos criar mecanismos de controle e padrões de atuação fundamental para que tenhamos sucesso na implementação de políticas públicas de segurança pública.

considerações finais

Atualmente, encontramos farta legislação federal tratando das guardas municipais, de sua constituição, forma de agir, formação, instalação de ouvidoria e de corregedoria, conselhos de segurança, entre outras medidas que visam a fornecer ao cidadão um serviço público municipal de excelência na área de segurança pública local. Infelizmente, seguindo na contramão dessas ações, ainda encontramos *lobbys* isolados, com foco corporativista, que acabam impedindo ou dificultando o crescimento institucional das guardas municipais e da atuação dos municípios na segurança pública. Nesse caso, o prejuízo maior acaba sendo da sociedade em geral, que clama por segurança e sofre pela inércia do Estado, obrigada a investir cada vez mais em segurança privada, ciente de que essa medida, isolada de outras ações governamentais, é apenas um paliativo no enfrentamento da criminalidade.

Acompanhando o processo legislativo, temos a Proposta de Emenda à Constituição (PEC) n. 534, que tramita na Câmara dos Deputados desde 2002. Incialmente, a proposta tramitou no Senado Federal como Proposta de Emenda à Constituição n. 87, de 1999, e em três anos foi aprovada por maioria absoluta. Encaminhada para a Câmara dos Deputados, há mais de quatorze anos, continua aguardando para ser votada.

Essa PEC incluiu no parágrafo 8º do art. 144 da Constituição (Brasil, 1988a) as expressões *suas populações*, *logradouros públicos municipais* e *lei federal*. Curioso é saber que a lei federal já entrou em vigor, consolidando-se na existência do Estatuto Geral das Guardas Municipais (Brasil, 2014b), e a PEC, por sua vez, continua represada, por capricho de uns e inércia de outros.

Em sentido contrário, com a entrada em vigor do Estatuto do Desarmamento (Brasil, 2003b), vimos o porte de arma das guardas municipais restringido, condicionado à posição geográfica ou à quantidade populacional das cidades, à formação específica do guarda, ao acompanhamento periódico do servidor com avaliação de capacidade técnica e psicológica, e à existência de mecanismos de controle interno e externo na instituição.

Com exceção da limitação do porte de arma por posição geográfica e pela quantidade populacional, os demais elementos que integram a lei são fundamentais e devem ser ampliados para todas as outras instituições que têm o direito ao porte de arma, ou seja, as que trabalham diretamente na área de segurança pública, e aos demais servidores mencionados no artigo 6º do Estatuto do Desarmamento: os agentes da Agência Brasileira de Inteligência e do Departamento de Segurança do Gabinete de Segurança Institucional da Presidência da República, os policiais do Congresso Nacional, os agentes e os guardas prisionais, os integrantes das escoltas de presos, as guardas portuárias e os integrantes da carreira de auditoria da Receita Federal e da auditoria fiscal do Ministério do Trabalho.

Retornando ao tema da segurança pública municipal, uma das medidas mais importantes a ser desencadeada hoje é o repasse financeiro para os munícipios. Atualmente, o governo federal subsidia projetos isolados para poucos municípios, com verba proveniente do Fundo Nacional de Segurança Pública (FNSP).

O processo de municipalização da segurança pública é algo natural e se assemelha ao que ocorreu nas áreas da saúde e da educação. Ao compararmos o texto constitucional no que se refere às três áreas, podemos constatar um ponto interessante que merece destaque. Vejamos:

> **DA SEGURANÇA PÚBLICA**
>
> Art. 144. A segurança pública, **dever do Estado, direito e responsabilidade de todos**, é exercida para a preservação da ordem pública e da incolumidade das pessoas e do patrimônio, [...]

> **DA SAÚDE**
>
> Art. 196. A saúde é direito de todos e **dever do Estado**, garantido mediante políticas sociais e econômicas que visem à redução do risco de doença e de outros agravos e ao acesso universal e igualitário às ações e serviços para sua promoção, proteção e recuperação.
>
> **DA EDUCAÇÃO**
>
> Art. 205. A educação, direito de todos e **dever do Estado e da família**, será promovida e incentivada com a colaboração da sociedade, visando ao pleno desenvolvimento da pessoa, seu preparo para o exercício da cidadania e sua qualificação para o trabalho. (Brasil, 1988a, grifo nosso e do original)

Ao fazer uma leitura rápida do texto constitucional, encontramos que a segurança pública é **dever do Estado**, direito e **responsabilidade de todos**. A educação pública, segundo o texto, é **dever do Estado e da família**. A saúde pública, por sua vez, como podemos constatar, é exclusivamente **dever do Estado**.

Assim, se temos a **segurança pública** como **direito e responsabilidade de todos**, além de dever do Estado, fica a interrogação: Por que criar tantos óbices na execução dessa atividade por parte dos municípios?

Podemos concluir que, ao negar a participação dos municípios no controle da segurança pública por meio das guardas municipais, desprezando essas instituições e ignorando sua concepção institucional, como órgãos de segurança pública municipais, indiretamente estaremos contribuindo no sentido de:

» manter os municípios em uma posição cômoda e confortável em relação à responsabilidade pela insegurança local;
» privar e eximir a responsabilidade dos dirigentes municipais no que tange à área de segurança pública;

- » incentivar a utilização da insegurança dos municípios como eterno discurso político eleitoreiro;
- » beneficiar, entre outros, a manutenção do *status quo* de poucos em prejuízo do índice alarmante da falta de segurança generalizada;
- » propiciar condições para que se ampliem os serviços de policiamento privado com fins lucrativos;
- » e, por fim, permitir o crescimento inevitável da criminalidade, em razão da pseudo-sensação de impunidade do infrator por parte do Estado.

Cabe lembrar que a Segurança Pública é uma atividade exclusiva do Poder Estatal, [...] desenvolvida pela União, Estados Membros, Distrito Federal e Municípios, todos tendo o dever legal de fornecer, dentro da sua esfera de atuação, uma prestação de serviço de excelência, minimizando [...] os índices de insegurança.

Diante desses fatos, os municípios devem, por meio dos seus dirigentes, abdicar da posição cômoda de aguardar providências superiores para os problemas locais.

A falha na segurança pública, até pouco tempo atrás, estava relacionada com a ausência de sintonia e sinergia entre as esferas públicas, no âmbito municipal, estadual e federal, onde cada qual transferia a sua parcela de responsabilidade para outro segmento. (Carvalho, 2012a, p. 92)

Com a conclusão de diversos estudos sobre o tema, em tese, o governo federal e os órgãos envolvidos conseguiram diagnosticar o problema da segurança pública, o que consequentemente desencadeou ações das esferas governamentais a fim de suprir determinadas carências de maneira significativa, utilizando inclusive o emprego das guardas municipais.

Assim, entrou em vigor o Plano Nacional de Segurança Pública, divisor de águas para as guardas municipais, pois essas instituições começaram efetivamente a assumir sua parcela de responsabilidade em relação à segurança pública nos municípios.

Podemos tomar como reflexão a seguinte afirmação do professor Luiz Otavio Amaral (2003, p. 15):

> *Quase sempre, entre nós, quem gerencia o sistema policial ou não conhece profundamente qual a razão teleológica da instituição/função, ou, quando conhece, padece do vício do corporativismo deturpante. Enfim, a polícia, entre nós, ainda não alcançou a sólida cultura básica de profissionalismo.*

Feitas essas considerações, hoje podemos afirmar que, nos municípios onde foram ou naqueles onde ainda serão constituídas as guardas municipais, respeitando suas atribuições constitucionais, existem diversas atribuições que essas corporações podem vir a desenvolver, bastando apenas que seus dirigentes estejam aptos e tenham vontade efetiva de agir em prol da sociedade citadina, bem como que seu corpo de profissionais esteja capacitado a exercer essa brilhante tarefa que é proteger a integridade física e moral do cidadão e o patrimônio das cidades.

Hoje, o que encontramos muito na seara jurídica são divergências de opinião em razão muitas vezes de leis falhas, omissas ou discriminatórias. Assim, em relação às guardas municipais, deixamos como observação e material para reflexão quatro sugestões de alteração da norma jurídica, uma relacionada à Constituição, duas a leis federais e uma referente a um projeto de lei que ainda está em trâmite no Congresso Nacional.

Sugestões legislativas

Nos trechos das leis a seguir, as nossas sugestões de inclusão de texto estão destacadas com grifo, e as nossas sugestões de exclusão de texto estão destacadas com um tachado.

Constituição Federal (Brasil, 1988a): incluir o inciso VII no art. 144 e alterar o parágrafo 8º:

> Art. 144.
> [...]
> VII – **guardas municipais.**
>
> [...]
>
> § 8º Os Municípios poderão constituir guardas municipais destinadas à proteção de **suas populações,** de seus bens, serviços, **instalações e logradouros públicos municipais,** conforme dispuser a **lei federal.**

Lei n. 11.530, de 24 de outubro de 2007 (Brasil, 2007b): alterar o *caput* do art. 8º-E, e revogar parágrafo 9º do art. 8º-E.

> Art. 8º-E. O projeto Bolsa-Formação é destinado à qualificação profissional dos integrantes das Carreiras já existentes das polícias militar e civil, do corpo de bombeiros, dos agentes penitenciários, dos agentes carcerários, e dos peritos, **dos guardas municipais e dos agentes de trânsito,** contribuindo com a valorização desses profissionais e consequente benefício da sociedade brasileira.
>
> [...]
>
> § 9º Observadas as dotações orçamentárias do projeto, fica autorizada a inclusão dos guardas civis municipais e dos agentes de trânsito, enquadrados nos limites inferior e

233

> ~~superior de remuneração definidos nas normas de concessão da Bolsa-Formação, como beneficiários do projeto, mediante o instrumento de cooperação federativa de que trata o art. 5º desta lei, observadas as demais condições previstas em regulamento.~~

Lei n. 10.826, de 22 de dezembro de 2003 (Brasil, 2003b): alterar o inciso III e revogar o inciso IV e o parágrafo 7º do art. 6º.

> Art. 6º
>
> [...]
>
> III – os integrantes das guardas municipais ~~das capitais dos Estados e dos Municípios com mais de 500.000 (quinhentos mil) habitantes, nas condições estabelecidas no regulamento desta lei;~~
> ~~IV – os integrantes das guardas municipais dos Municípios com mais de 50.000 (cinquenta mil) e menos de 500.000 (quinhentos mil) habitantes, quando em serviço;~~
>
> [...]
>
> ~~§ 7 Aos integrantes das guardas municipais dos Municípios que integram regiões metropolitanas será autorizado porte de arma de fogo, quando em serviço.~~

Com isso, concluímos que, se observarmos com acuidade a legislação vigente em relação às guardas municipais, muitas vezes a supressão ou a inclusão de determinados textos explicativos nas leis pertinentes acaba criando uma situação mais justa, digna de uma instituição voltada à proteção do cidadão e das cidades brasileiras.

AMARAL, L. O. de O. **Direito e segurança pública:**
a juridicidade operacional da polícia. Brasília: Consulex, 2003.
ABREU, L. U. **Segurança urbana:** um novo paradigma.
Porto Alegre: Alcance, 2010.
ALMEIDA, L. N. **Tolerância zero ou nova prevenção:**
a experiência da política de segurança pública do município
de Porto Alegre, RS. Rio de Janeiro: Lumin Juris, 2015.
AMENDOLA, P. **A administração municipal e a segurança
pública.** Rio de Janeiro, 2002.
ARISTÓTELES. **Política.** 5. ed. São Paulo: M. Claret, 2008.
BALESTRERI, R. B. **Direitos humanos:** coisa de polícia.
Passo Fundo: Berthier, 2002.
BASTOS, C. R. **Curso de direito constitucional.** 22. ed. São Paulo:
Saraiva, 2010.
BELO HORIZONTE. Decreto n. 12.615, de 19 de janeiro
de 2007. **Diário Oficial do Município**, Poder Executivo, Belo
Horizonte, 20 jan. 2007a. Disponível em: <http://portal6.pbh.gov.br/
dom/iniciaEdicao.do?method=DetalheArtigo&pk=955338>.
Acesso em: 5 out. 2020.
BELO HORIZONTE. Lei n. 8.486, de 20 de janeiro
de 2003. **Diário Oficial do Município**, Poder Executivo, Belo
Horizonte, 21 jan. 2003. Disponível em: <http://portal6.pbh.gov.br/

dom/iniciaEdicao.do?method=DetalheArtigo&pk=903806>. Acesso em: 5 out. 2020.

BELO HORIZONTE. Lei n. 9.319, de 19 de janeiro de 2007. **Diário Oficial do Município**, Poder Executivo, Belo Horizonte, 20 jan. 2007b. Disponível em: <http://portal6.pbh.gov.br/dom/iniciaEdicao.do?method=DetalheArtigo&pk=955339>. Acesso em: 5 out. 2020.

BISCAIA, A. C. et al. (Coord.). **Projeto segurança pública para o Brasil**. São Paulo: Instituto Cidadania; Fundação Djalma Guimarães, 2003. Disponível em: <http://www.dhnet.org.br/redebrasil/executivo/nacional/anexos/pnsp.pdf>. Acesso em: 5 out. 2020.

BOAS, A. V. **Segurança urbana**: gestão municipal. Edição do autor. São Paulo: [s.n.], 2009.

BOOG, G. G. (Coord.). **Manual de treinamento e desenvolvimento**. 3. ed. São Paulo: Pearson Education do Brasil, 2001.

BRAGA, C. A. **Guarda municipal**: manual de criação, organização e manutenção, orientações administrativas e legais. São Paulo: Juarez de Oliveira, 2006.

BRASIL. Constituição (1824). **Coleção das Leis do Império do Brasil**, Rio de Janeiro, 25 mar. 1824. Disponível em: <http://www.planalto.gov.br/ccivil_03/constituicao/constituicao24.htm>. Acesso em: 5 out. 2020.

BRASIL. Constituição (1891). **Diário Oficial da União**, Rio de Janeiro, 24 fev. 1891. Disponível em: <http://www.planalto.gov.br/ccivil_03/constituicao/constituicao91.htm>. Acesso em: 5 out. 2020.

BRASIL. Constituição (1934). **Diário Oficial da União**, Rio de Janeiro, 16 jul. 1934. Disponível em: <http://www.planalto.gov.br/ccivil_03/constituicao/constituicao34.htm>. Acesso em: 5 out. 2020.

BRASIL. Constituição (1946). **Diário Oficial da União**, Rio de Janeiro, 19 set. 1946. Disponível em: <http://www.planalto.gov.br/

ccivil_03/Constituicao/Constituicao46.htm>. Acesso em: 5 out. 2020.

BRASIL. Constituição (1967). **Diário Oficial da União**, Brasília, DF, 24 jan. 1967. Disponível em: <http://www.planalto.gov.br/ccivil_03/constituicao/constituicao67.htm>. Acesso em: 5 out. 2020.

BRASIL. Constituição (1967). Emenda Constitucional n. 1, de 17 de outubro de 1969. **Diário Oficial da União**, Poder Legislativo, Brasília, DF, 20 out. 1969a. Disponível em: <http://www.planalto.gov.br/ccivil_03/Constituicao/Emendas/Emc_anterior1988/emc01-69.htm>. Acesso em: 5 out. 2020.

BRASIL. Constituição (1988). **Diário Oficial da União**, Brasília, DF, 5 out. 1988a. Disponível em: <http://www.planalto.gov.br/ccivil_03/Constituicao/Constituicao.htm>. Acesso em: 5 out. 2020.

BRASIL. Constituição (1988). Emenda Constitucional n. 82, de 16 de julho de 2014. **Diário Oficial da União**, Poder Legislativo, Brasília, DF, 17 jul. 2014a. Disponível em: <http://www.planalto.gov.br/ccivil_03/constituicao/emendas/emc/emc82.htm>. Acesso em: 5 out. 2020.

BRASIL. Decreto de 4 de fevereiro de 1836. **Coleção das Leis do Império do Brasil**, Rio de Janeiro, 1836. Disponível em: <http://www2.camara.leg.br/legin/fed/decret_sn/1824-1899/decreto-36992-4-fevereiro-1836-562618-publicacaooriginal-86732-pe.html>. Acesso em: 27 mar. 2017.

BRASIL. Decreto de 12 de outubro de 1831. **Coleção das Leis do Império do Brasil**, Rio de Janeiro, 1831a. Disponível em: <http://www2.camara.leg.br/legin/fed/decret_sn/1824-1899/decreto-37888-12-outubro-1831-565395-publicacaooriginal-89176-pe.html>. Acesso em: 27 mar. 2017.

BRASIL. Decreto de 14 de junho de 1831. **Coleção das Leis do Império do Brasil**, Rio de Janeiro, 1831b. Disponível em: <http://www2.camara.leg.br/legin/fed/lei_sn/1824-1899/lei-37250-14-junho-1831-563670-publicacaooriginal-87745-pl.html>. Acesso em: 5 out. 2020.

BRASIL. Decreto n. 7 de 25 de junho de 1834. **Coleção das Leis do Império do Brasil**, Rio de Janeiro, 1834a. Disponível em: <http://www2.camara.leg.br/legin/fed/decret/1824-1899/decreto-7-25-junho-1834-563054-publicacaooriginal-87163-pl.html>. Acesso em: 24 mar. 2017.

BRASIL. Decreto n. 9, de 25 de junho de 1834. **Coleção das Leis do Império do Brasil**, Rio de Janeiro, 1834b. Disponível em: <http://www2.camara.leg.br/legin/fed/decret/1824-1899/decreto-9-25-junho-1834-563057-publicacaooriginal-87166-pl.html>. Acesso em: 24 mar. 2017.

BRASIL. Decreto n. 55, de 7 de outubro de 1833. **Coleção das Leis do Império do Brasil**, Rio de Janeiro, 1833. Disponível em: <http://www2.camara.leg.br/legin/fed/decret/1824-1899/decreto-55-7-outubro-1833-565030-publicacaooriginal-88927-pl.html>. Acesso em: 24 mar. 2017.

BRASIL. Decreto n. 191, de 1º de julho de 1842. **Coleção das Leis do Império do Brasil**, Rio de Janeiro, 1842a. Disponível em: <http://www2.camara.leg.br/legin/fed/decret/1824-1899/decreto-191-1-julho-1842-561522-publicacaooriginal-85171-pe.html>. Acesso em: 5 out. 2020.

BRASIL. Decreto n. 947, de 29 de dezembro de 1902. **Diário Oficial da União**, Poder Executivo, Rio de Janeiro, 30 dez. 1902. Disponível em: <http://www2.camara.leg.br/legin/fed/decret/1900-1909/decreto-947-29-dezembro-1902-585384-publicacaooriginal-108403-pl.html>. Acesso em: 24 mar. 2017.

BRASIL. Decreto n. 1.326, de 2 de janeiro de 1905. **Diário Oficial da União**, Poder Executivo, Rio de Janeiro, 5 jan. 1905. Disponível em: <http://www2.camara.leg.br/legin/fed/decret/1900-1909/decreto-1326-2-janeiro-1905-613421-publicacaooriginal-136766-pe.html>. Acesso em: 24 mar. 2017.

BRASIL. Decreto n. 2.169, de 4 de março de 1997. **Diário Oficial da União**, Poder Executivo, Brasília, DF, 5 mar. 1997a. Disponível em: <http://www.planalto.gov.br/ccivil_03/decreto/1997/D2169.htm>. Acesso em: 5 out. 2020.

BRASIL. Decreto n. 3.215, de 22 de outubro de 1999. **Diário Oficial da União**, Poder Executivo, Brasília, DF, 25 out. 1999a. Disponível em: <http://www.planalto.gov.br/ccivil_03/decreto/D3215.htm>. Acesso em: 5 out. 2020.

BRASIL. Decreto n. 3.371, de 7 de janeiro de 1865. **Coleção das Leis do Império do Brasil**, Rio de Janeiro, 1865. Disponível em: <http://www2.camara.leg.br/legin/fed/decret/1824-1899/decreto-3371-7-janeiro-1865-554492-publicacaooriginal-73111-pe.html>. Acesso em: 5 out. 2020.

BRASIL. Decreto n. 3.598, de 27 de janeiro de 1866. **Coleção das Leis do Império do Brasil**, Rio de Janeiro, 1866. Disponível em: <http://www2.camara.leg.br/legin/fed/decret/1824-1899/decreto-3598-27-janeiro-1866-554213-publicacaooriginal-72693-pe.html>. Acesso em: 5 out. 2020.

BRASIL. Decreto n. 4.272, de 11 de dezembro de 1901. **Diário Oficial da União**, Poder Executivo, Rio de Janeiro, 20 dez. 1901. Disponível em: <http://www2.camara.leg.br/legin/fed/decret/1900-1909/decreto-4272-11-dezembro-1901-503087-publicacaooriginal-1-pe.html>. Acesso em: 5 out. 2020.

BRASIL. Decreto n. 5.123, de 1º de julho de 2004. **Diário Oficial da União**, Poder Executivo, Brasília, DF, 2 jul. 2004. Disponível em: <http://www.planalto.gov.br/ccivil_03/_ato2004-2006/2004/decreto/d5123.htm>. Acesso em: 5 out. 2020.

BRASIL. Decreto n. 5.871, de 10 de agosto de 2006. **Diário Oficial da União**, Poder Executivo, Brasília, DF, 11 ago. 2006a. Disponível em: <http://www.planalto.gov.br/ccivil_03/_ato2004-2006/2006/Decreto/D5871.htm>. Acesso em: 5 out. 2020.

BRASIL. Decreto n. 6.146, de 3 de julho de 2007. **Diário Oficial da União**, Poder Executivo, Brasília, DF, 4 jul. 2007a. Disponível em: <http://www.planalto.gov.br/ccivil_03/_Ato2007-2010/2007/Decreto/D6146.htm>. Acesso em: 5 out. 2020.

BRASIL. Decreto n. 6.715, de 29 de dezembro de 2008. **Diário Oficial da União**, Poder Executivo, Brasília, DF, 30 dez. 2008a. Disponível em: <http://www.planalto.gov.br/ccivil_03/_ato2007-2010/2008/decreto/d6715.htm>. Acesso em: 5 out. 2020.

BRASIL. Decreto n. 6.950, de 26 de agosto de 2009. **Diário Oficial da União**, Poder Executivo, Brasília, DF, 27 ago. 2009a. Disponível em: <http://www.planalto.gov.br/ccivil_03/_ato2007-2010/2009/decreto/d6950.htm>. Acesso em: 5 out. 2020.

BRASIL. Decreto n. 7.257, de 4 de agosto de 2010. **Diário Oficial da União**, Poder Executivo, Brasília, DF, 5 ago. 2010a. Disponível em: <http://www.planalto.gov.br/ccivil_03/_ato2007-2010/2010/Decreto/D7257.htm>. Acesso em: 5 out. 2020.

BRASIL. Decreto n. 7.413, de 30 de dezembro de 2010. **Diário Oficial da União**, Poder Executivo, Brasília, DF, 31 dez. 2010b. Disponível em: <http://www.planalto.gov.br/ccivil_03/_ato2007-2010/2010/decreto/d7413.htm>. Acesso em: 5 out. 2020.

BRASIL. Decreto n. 9.847, de 25 de junho de 2019. **Diário Oficial da União**, Poder Executivo, Brasília, DF, 25 jun. 2019a. Disponível em: <http://www.planalto.gov.br/ccivil_03/_Ato2019-2022/2019/Decreto/D9847.htm#art60>. Acesso em: 5 out. 2020.

BRASIL. Decreto n. 10.030, de 30 de setembro de 2019. **Diário Oficial da União**, Poder Executivo, Brasília, DF, 30 set. 2019b. Disponível em: <http://www.planalto.gov.br/ccivil_03/_Ato2019-2022/2019/Decreto/D10030.htm#art5>. Acesso em: 5 out. 2020.

BRASIL. Decreto n. 10.395, de 9 de outubro de 1889. **Coleção das Leis do Império do Brasil**, Rio de Janeiro, 1889. Disponível em: <http://www2.camara.leg.br/legin/fed/decret/1824-1899/decreto-10395-9-outubro-1889-542801-publicacaooriginal-52308-pe.html>. Acesso em: 5 out. 2020.

BRASIL. Decreto n. 64.568, de 22 de maio de 1969. **Diário Oficial da União**, Poder Executivo, Brasília, DF, 26 maio 1969b. Disponível em: <http://www2.camara.leg.br/legin/fed/decret/1960-1969/decreto-64568-22-maio-1969-405974-publicacaooriginal-1-pe.html>. Acesso em: 5 out. 2020.

BRASIL. Decreto n. 83.839, de 13 de agosto de 1979. **Diário Oficial da União**, Poder Executivo, Brasília, DF, 14 ago. 1979. Disponível em: <http://www2.camara.leg.br/legin/fed/decret/1970-1979/decreto-83839-13-agosto-1979-433244-publicacaooriginal-1-pe.html>. Acesso em: 5 out. 2020.

BRASIL. Decreto n. 97.274, de 16 de dezembro de 1988. **Diário Oficial da União**, Poder Executivo, Brasília, DF, 19 dez. 1988b. Disponível em: <http://www.planalto.gov.br/ccivil_03/decreto/D97274.htm>. Acesso em: 5 out. 2020.

BRASIL. Decreto n. 98.936, de 8 de janeiro de 1990. **Diário Oficial da União**, Poder Executivo, Brasília, DF, 9 fev. 1990. Disponível em: <http://www.planalto.gov.br/ccivil_03/decreto/1990-1994/D98936.htm>. Acesso em: 5 out. 2020.

BRASIL. Decreto-Lei n. 667, de 2 de julho de 1969. **Diário Oficial da União**, Poder Executivo, Brasília, DF, 3 jul. 1969c. Disponível em: <http://www.planalto.gov.br/ccivil_03/decreto-lei/Del0667.htm>. Acesso em: 5 out. 2020.

BRASIL. Decreto-Lei n. 3.689, de 3 de outubro de 1941. **Diário Oficial da União**, Poder Executivo, Rio de Janeiro, 13 out. 1941. Disponível em: <http://www.planalto.gov.br/ccivil_03/decreto-lei/Del3689.htm>. Acesso em: 5 out. 2020.

BRASIL. Decreto-Lei n. 5.861, de 30 de setembro de 1943. **Diário Oficial da União**, Poder Executivo, Rio de Janeiro, 2 out. 1943. Disponível em: <http://www2.camara.leg.br/legin/fed/declei/1940-1949/decreto-lei-5861-30-setembro-1943-416012-publicacaooriginal-1-pe.html>. Acesso em: 5 out. 2020.

BRASIL. Lei de 1° de outubro de 1828. **Coleção das Leis do Império do Brasil**, Rio de Janeiro, 1828. Disponível em: <https://www.planalto.gov.br/ccivil_03/leis/lim/lim-1-10-1828.htm>. Acesso em: 5 out. 2020.

BRASIL. Lei de 10 de outubro de 1831. **Coleção das Leis do Império do Brasil**, Rio de Janeiro, 1831c. Disponível em: <http://www2.camara.leg.br/legin/fed/lei_sn/1824-1899/lei-37586-10-outubro-1831-564553-publicacaooriginal-88479-pl.html>. Acesso em: 5 out. 2020.

BRASIL. Lei de 18 de agosto de 1831. **Coleção das Leis do Império do Brasil**, Rio de Janeiro, 1831d. Disponível em: <http://www2.camara.leg.br/legin/fed/lei_sn/1824-1899/lei-37497-18-agosto-1831-564307-publicacaooriginal-88297-pl.html>. Acesso em: 5 out. 2020.

BRASIL. Lei n. 5.172, de 25 de outubro de 1966. **Diário Oficial da União**, Poder Legislativo, Brasília, DF, 27 out. 1966. Disponível em: <http://www.planalto.gov.br/ccivil_03/leis/l5172.htm>. Acesso em: 5 out. 2020.

BRASIL. Lei n. 9.503, de 23 de setembro de 1997. **Diário Oficial da União**, Poder Legislativo, Brasília, DF, 24 set. 1997b. Disponível em: <http://www.planalto.gov.br/ccivil_03/leis/L9503.htm>. Acesso em: 5 out. 2020.

BRASIL. Lei n. 10.201, de 14 de fevereiro de 2001. **Diário Oficial da União**, Poder Executivo, Brasília, DF, 16 fev. 2001a. Disponível em: <http://www.planalto.gov.br/ccivil_03/leis/LEIS_2001/L10201.htm>. Acesso em: 5 out. 2020.

BRASIL. Lei n. 10.406, de 10 de janeiro de 2002. **Diário Oficial da União**, Poder Legislativo, Brasília, DF, 11 jan. 2002a. Disponível em: <http://www.planalto.gov.br/ccivil_03/leis/2002/L10406.htm>. Acesso em: 5 out. 2020.

BRASIL. Lei n. 10.746, de 10 de outubro de 2003. **Diário Oficial da União**, Poder Executivo, Brasília, DF, 13 out. 2003a. Disponível em: <http://www.planalto.gov.br/ccivil_03/leis/2003/L10.746.htm>. Acesso em: 5 out. 2020.

BRASIL. Lei n. 10.826, de 22 de dezembro de 2003. **Diário Oficial da União**, Poder Legislativo, Brasília, DF, 23 dez. 2003b. Disponível em: <http://www.planalto.gov.br/ccivil_03/leis/2003/L10.826.htm>. Acesso em: 5 out. 2020.

BRASIL. Lei n. 11.340, de 7 de agosto de 2006. **Diário Oficial da União**, Poder Legislativo, Brasília, DF, 8 ago. 2006b. Disponível em: <http://www.planalto.gov.br/ccivil_03/_ato2004-2006/2006/lei/l11340.htm>. Acesso em: 5 out. 2020.

BRASIL. Lei n. 11.530, de 24 de outubro de 2007. **Diário Oficial da União**, Poder Executivo, Brasília, DF, 25 out. 2007b. Disponível em: <http://www.planalto.gov.br/ccivil_03/_ato2007-2010/2007/Lei/L11530.htm>. Acesso em: 5 out. 2020.

BRASIL. Lei n. 11.706, de 19 de junho de 2008. **Diário Oficial da União**, Poder Legislativo, Brasília, DF, 20 jun. 2008b. Disponível em: <http://www.planalto.gov.br/ccivil_03/_ato2007-2010/2008/lei/l11706.htm>. Acesso em: 5 out. 2020.

BRASIL. Lei n. 12.066, de 29 de outubro de 2009. **Diário Oficial da União**, Poder Legislativo, Brasília, DF, 30 out. 2009b. Disponível em: <http://www.planalto.gov.br/ccivil_03/_Ato2007-2010/2009/Lei/L12066.htm>. Acesso em: 5 out. 2020.

BRASIL. Lei n. 12.340, de 1° de dezembro de 2010. **Diário Oficial da União**, Poder Legislativo, Brasília, DF, 2 dez. 2010c. Disponível em: <http://www.planalto.gov.br/ccivil_03/_ato2007-2010/2010/lei/l12340.htm>. Acesso em: 5 out. 2020.

BRASIL. Lei n. 12.608, de 10 de abril de 2012. **Diário Oficial da União**, Poder Legislativo, Brasília, DF, 11 abr. 2012a. Disponível em: <http://www.planalto.gov.br/ccivil_03/_ato2011-2014/2012/lei/l12608.htm>. Acesso em: 5 out. 2020.

BRASIL. Lei n. 12.681, de 4 de julho de 2012. **Diário Oficial da União**, Poder Legislativo, Brasília, DF, 29 jun. 2012b. Disponível em: <http://www.planalto.gov.br/ccivil_03/_ato2011-2014/2012/lei/l12681.htm>. Acesso em: 5 out. 2020.

BRASIL. Lei n. 13.022, de 8 de agosto de 2014. **Diário Oficial da União**, Poder Legislativo, Brasília, DF, 11 ago. 2014b. Disponível em: <http://www.planalto.gov.br/ccivil_03/_ato2011-2014/2014/lei/l13022.htm>. Acesso em: 5 out. 2020.

BRASIL. Lei n. 13.060, de 22 de dezembro de 2014. **Diário Oficial da União**, Poder Legislativo, Brasília, DF, 23 dez. 2014c. Disponível em: <http://www.planalto.gov.br/ccivil_03/_ato2011-2014/2014/lei/l13060.htm>. Acesso em: 5 out. 2020.

BRASIL. Lei n. 13.675, de 11 de junho de 2018. **Diário Oficial da União**, Poder Legislativo, Brasília, DF, 12 jun. 2018a. Disponível em: <http://www.planalto.gov.br/ccivil_03/_Ato2015-2018/2018/Lei/L13675.htm>. Acesso em: 5 out. 2020.

BRASIL. Medida Provisória n. 494, de 2 de julho de 2010. **Diário Oficial da União**, Poder Executivo, Brasília, DF, 2 jul. 2010d. Disponível em: <http://www.planalto.gov.br/ccivil_03/_ato2007-2010/2010/Mpv/494.htm>. Acesso em: 5 out. 2020.

BRASIL. Medida Provisória n. 2.029, de 20 de junho de 2000. **Diário Oficial da União**, Poder Executivo, Brasília, DF, 21 jun. 2000. Disponível em: <http://www.planalto.gov.br/ccivil_03/mpv/Antigas/2029.htm>. Acesso em: 5 out. 2020.

BRASIL. Regulamento n. 120, de 31 de janeiro de 1842. **Coleção das Leis do Império do Brasil**, Rio de Janeiro, 1842b. Disponível em: <http://www2.camara.leg.br/legin/fed/regula/1824-1899/regulamento-120-31-janeiro-1842-560826-norma-pe.html>. Acesso em: 24 mar. 2017.

BRASIL. Câmara dos Deputados. Projeto de Lei n. 1.332, de 2003. Dispõe sobre as atribuições e competências comuns das Guardas Municipais do Brasil. Regulamenta e disciplina a constituição, atuação e manutenção das Guardas Civis Municipais como Órgãos de Segurança Pública em todo o Território Nacional e dá outras providências. 25 jun. 2003c. Disponível em: <http://www.camara.gov.br/proposicoesWeb/fichadetramitacao?idProposicao=121411>. Acesso em: 5 out. 2020.

BRASIL. Câmara dos Deputados. Projeto de Lei n. 3.361, de 2008. Regulamenta o § 7º do art. 144 da Constituição Federal, instituindo conjunto de ações coordenadas que constituem o Sistema Único de Segurança Pública (Susp). 27 maio 2008. Disponível em: <http://www.camara.gov.br/proposicoesWeb/fichadetramitacao?idProposicao=396531>. Acesso em: 5 out. 2020.

BRASIL. Câmara dos Deputados. Projeto de Lei n. 3.734, de 2012. Disciplina a organização e o funcionamento dos órgãos responsáveis pela segurança pública, nos termos do § 7º do art. 144 da Constituição, institui o Sistema Único de Segurança Pública – Susp, dispõe sobre a segurança cidadã, e dá outras providências. 23 abr. 2012c. Disponível em: <http://www.camara.gov.br/proposicoesWeb/fichadetramitacao?idProposicao=542102>. Acesso em: 5 out. 2020.

BRASIL. Câmara dos Deputados. Proposta de Emenda à Constituição n. 87, de 1999. Dá nova redação ao art. 144, substituindo as Guardas Municipais por Polícias Municipais, nas condições que especifica. 25 ago. 1999b. Disponível em: <http://www.camara.gov.

br/proposicoesWeb/fichadetramitacao?idProposicao=14358>. Acesso em: 5 out. 2020.

BRASIL. Câmara dos Deputados. Proposta de Emenda à Constituição n. 534, de 2002. Altera o art. 144 da Constituição Federal, para dispor sobre as competências da guarda municipal e criação da guarda nacional. 2 maio 2002b. Disponível em: <http://www.camara.gov.br/proposicoesWeb/fichadetramitacao?idProposicao=50573>. Acesso em: 5 out. 2020.

BRASIL. Ministério da Justiça. Secretaria Nacional de Segurança Pública. **Direitos humanos e segurança pública**: algumas premissas e abordagens – jornadas formativas de direitos humanos com ênfase no estudo e na pesquisa em segurança pública com cidadania. Brasília, 2011.

BRASIL. Ministério da Justiça. Secretaria Nacional de Segurança Pública. **Gabinetes de gestão integrada municipais**: documento orientador. Disponível em: <http://www.justica.gov.br/sua-seguranca/seguranca-publica/senasp-1/documento-orientador-site-do-mj.pdf>. Acesso em: 30 mar. 2017.

BRASIL. Ministério da Justiça. Secretaria Nacional de Segurança Pública. Manual de referência para estruturação das guardas municipais. In: ENCONTRO NACIONAL DAS GUARDAS MUNICIPAIS, 2001, Atibaia, Jaguariúna. **Anais**... Brasília: Senasp, 2001b.

BRASIL. Ministério da Justiça. Secretaria Nacional de Segurança Pública. **Matriz curricular nacional**: para ações formativas dos profissionais da área de segurança pública. Brasília, 2014d. Disponível em: <http://www.justica.gov.br/sua-seguranca/seguranca-publica/analise-e-pesquisa/download/outras_publicacoes/pagina-1/2matriz-curricular-nacional_versao-final_2014.pdf>. Acesso em: 5 out. 2020.

BRASIL. Ministério da Justiça. Secretaria Nacional de Segurança Pública. **Matriz curricular nacional para guardas municipais**: para a formação em segurança pública. Brasília, 2005a. Disponível em: <http://www.justica.gov.br/sua-seguranca/seguranca-publica/

senasp-1/matrizcurriculargaurdasmunicipais2005.pdf>. Acesso em: 5 out. 2020.

BRASIL. Ministério da Justiça. Secretaria Nacional de Segurança Pública. Portaria n. 1, de 16 de janeiro de 2014. **Diário Oficial da União**, Poder Executivo, Brasília, DF, 20 jan. 2014e. Disponível em: <http://www.lex.com.br/legis_25237222_PORTARIA_N_1_DE_16_DE>. Acesso em: 5 out. 2020.

BRASIL. Ministério da Justiça. Secretaria Nacional de Segurança Pública. **Relatório descritivo**: pesquisa do perfil organizacional das guardas municipais (2003). Brasília, 2005b.

BRASIL. Ministério da Justiça. Secretaria Nacional de Segurança Pública. **Vade mecum segurança pública**. Brasília, 2010e.

BRASIL. Senado Federal. Projeto de Lei n. 547, de 2015. Altera a Lei n. 11.340, de 7 de agosto de 2006 (Lei Maria da Penha), para instituir o programa Patrulha Maria da Penha. 19 ago. 2015a. Disponível em: <http://www25.senado.leg.br/web/atividade/materias/-/materia/122758>. Acesso em: 5 out. 2020.

BRASIL. Senado Federal. Secretaria de Informação Legislativa. Proclamação de 15 de julho de 1831. Brasil, 1831e. Disponível em: <http://legis.senado.gov.br/legislacao/ListaTextoIntegral.action?id=70543>. Acesso em: 6 abr. 2017.

BRASIL. Senado Federal. Secretaria de Informação Legislativa. Proclamação de 15 de julho de 1831. Brasil, 1831f. Disponível em: <http://legis.senado.gov.br/legislacao/ListaTextoIntegral.action?id=70546>. Acesso em: 6 abr. 2017.

BRASIL. Supremo Tribunal Federal. Medida Cautelar na Ação Direta de Inconstitucionalidade 5.948/DF, 29 de junho de 2018. Relator: Ministro Alexandre de Moraes. **Notícias STF**, 29 jun. 2018b. Disponível em: <http://www.stf.jus.br/arquivo/cms/noticiaNoticiaStf/anexo/ADI5948MCGuardasmunicipais.pdf>. Acesso em: 28 set. 2020.

BRASIL. Supremo Tribunal Federal. Recurso Extraordinário n. 658570/MG, 30 de setembro de 2015. Relator: Ministro Marco Aurélio. Relator para Acórdão: Ministro Roberto Barroso. **Diário da Justiça**, Brasília, DF, 30 set. 2015b. Disponível em: <http://www.stf.

jus.br/portal/processo/verProcessoAndamento.asp?numero=658570&classe=RE&origem=AP&recurso=0&tipoJulgamento=M>. Acesso em: 5 out. 2020.

BRASIL. Supremo Tribunal Federal. Recurso Ordinário em Habeas Corpus n. 7916/SP (1998/0066804-7), de 15 de outubro de 1998. Relator: Ministro Fernando Gonçalves. **Diário da Justiça**, Brasília, DF, 9 nov. 1998.

BRUNO, R. M. **Guarda municipal**: criação e funcionamento. Belo Horizonte: Del Rey, 2004.

CARVALHO, C. F. de. A guarda municipal e a Constituição Federal. **JurisWay**, 11 fev. 2009a. Disponível em: <http://www.jurisway.org.br/v2/dhall.asp?id_dh=1097>. Acesso em: 5 out. 2020.

CARVALHO, C. F. de. Guarda municipal: instituição bicentenária mantendo a segurança pública no Brasil. **DireitoNet**, 4 jun. 2011a. Disponível em: <https://www.direitonet.com.br/artigos/exibir/6331/Guarda-Municipal-Instituicao-bicentenaria-mantendo-a-seguranca-publica-no-Brasil>. Acesso em: 25 set. 2020.

CARVALHO, C. F. de. **Guarda municipal**: o que você precisa saber sobre guarda municipal e nunca teve a quem perguntar. 3. ed. do autor. Curitiba: [s.n.], 2011b.

CARVALHO, C. F. de. **Guarda municipal agente da cidadania**. 94 f. Trabalho de Conclusão de Curso (MBA em Gestão Pública) – Faculdade de Tecnologia Opet, Curitiba, 2008.

CARVALHO, C. F. de. O Estatuto do Desarmamento e a Guarda Municipal após a vigência do Decreto n. 5.871, de 10 de agosto de 2006. **JurisWay**, 11 fev. 2009b. Disponível em: <http://www.jurisway.org.br/v2/dhall.asp?id_dh=1101>. Acesso em: 5 out. 2020.

CARVALHO, C. F. de. O policiamento ostensivo preventivo sob a ótica jurídica. **Observatório do Governo Eletrônico**, Santa Catarina, 7 mar. 2012a. Disponível em: <http://www.egov.ufsc.br/portal/conteudo/o-policiamento-ostensivo-preventivo-sob-%C3%B3tica-jur%C3%ADdica>. Acesso em: 5 out. 2020.

CARVALHO, C. F. de. Guarda municipal agente da cidadania. In: _____. **Trabalhos monográficos**. Curitiba: Clube de Autores, 2012b.

CARVALHO, C. T. P. de. **Manual de instrução da guarda civil metropolitana de São Paulo**. São Paulo: Páginas e Letras, 1996.

CAVALLARI, D. A. **Manual prático de direito constitucional**. São Paulo: Iglu, 1998.

CERQUEIRA, C. M. N. **Do patrulhamento ao policiamento comunitário**. Rio de Janeiro: Freitas Bastos, 2001a. (Coleção Polícia Amanhã, v. 2).

CERQUEIRA, C. M. N. **Polícia e gênero**. Rio de Janeiro: Freitas Bastos, 2001b. (Coleção Polícia Amanhã, v. 4).

COTTA, F. A. **Breve história da polícia militar de Minas Gerais**. Belo Horizonte: Fino Traço, 2014.

CURITIBA. Emenda à Lei Orgânica n. 15, de 15 de dezembro de 2011. **Diário Oficial do Município**, Curitiba, 20 dez. 2011. Disponível em: <https://leismunicipais.com.br/a/pr/c/curitiba/emenda-a-lei-organica/2011/1/15/emenda-a-lei-organica-n-15-2011->. Acesso em: 5 out. 2020.

CURITIBA. Lei Orgânica do Município de Curitiba/PR. **Diário Oficial do Município**, Curitiba, 10 abr. 1990. Disponível em: <https://leismunicipais.com.br/lei-organica-curitiba-pr>. Acesso em: 5 out. 2020.

DE PLÁCIDO E SILVA, O. J. **Vocabulário jurídico**. 4. ed. São Paulo: Forense, 1975. v. 3.

DI PIETRO, M. S. Z. **Direito administrativo**. 13. ed. São Paulo: Atlas, 2001.

DI PIETRO, M. S. Z. **Direito administrativo**. 29. ed. São Paulo: Atlas, 2016.

HOUAISS, A.; VILLAR, M. de S.; FRANCO, F. M. de M. **Dicionário Houaiss da língua portuguesa**. versão 3.0. Rio de Janeiro: Instituto Antônio Houaiss; Objetiva, 2009. 1 CD-ROM.

MEIRELLES, H. L. **Direito municipal brasileiro**. 16. ed. São Paulo: Malheiros, 2006.

MELLO, C. A. B. de. **Prestação de serviços públicos e administração indireta**. 2. ed. São Paulo: RT, 1987.

MELLO, K. S. S. **Cidade e conflito**: guardas municipais e camelôs. Rio de Janeiro: Eduff, 2011.

MINISTÉRIO DA JUSTIÇA E SEGURANÇA PÚBLICA. **GGI**. Disponível em: <https://www.novo.justica.gov.br/sua-seguranca-2/seguranca-publica/senasp-1/ggi>. Acesso em: 5 out. 2020a.

MINISTÉRIO DA JUSTIÇA E SEGURANÇA PÚBLICA. **Histórico**. Disponível em: <https://www.novo.justica.gov.br/sua-seguranca-2/seguranca-publica/senasp-1/conselho-nacional/historico#wrapper>. Acesso em: 29 set. 2020b.

MISSE, M. et al. **As guardas municipais no Brasil**: diagnóstico das transformações em curso. Rio de Janeiro: UFRJ/IFCS/NECVU, 2010.

MORAES, B. A. A. de. **A guarda municipal e a segurança pública**. Piracicaba: Degaspari, 1995.

ONU – Organização das Nações Unidas. Resolução n. 44/236, de 22 de dezembro de 1989. Disponível em: <http://www.un.org/documents/ga/res/44/a44r236.htm>. Acesso em: 30 mar. 2017.

PARANÁ. Decreto n. 1.790, de 5 de setembro de 2003. **Diário Oficial do Estado**, Poder Executivo, Curitiba, 5 set. 2003a. Disponível em: <http://www.legislacao.pr.gov.br/legislacao/pesquisarAto.do?action=exibir&codAto=36721&indice=1&totalRegistros=7>. Acesso em: 5 out. 2020.

PARANÁ. Decreto n. 2.332, de 10 de dezembro de 2003. **Diário Oficial do Estado**, Poder Executivo, Curitiba, 10 dez. 2003b. Disponível em: <http://www.legislacao.pr.gov.br/legislacao/pesquisarAto.do?action=exibir&codAto=38715&indice=1&totalRegistros=8>. Acesso em: 5 out. 2020.

PARANÁ. Lei n. 7, de 10 de agosto de 1854. **Leis de Decretos da Província do Paraná**, Poder Legislativo, Curitiba, 10 ago. 1854.

PARANÁ. Secretaria da Segurança Pública e Administração Penitenciária. Coordenação Estadual dos Conselhos Comunitários de Segurança. Disponível em: <http://www.conseg.pr.gov.br/>. Acesso em: 30 mar. 2017.

PESSOA, G. T. de A. Polícia do Distrito Federal (1889-1930). **Arquivo Nacional Mapa – Memória da Administração Pública Brasileira**, 6 jun. 2019. Disponível em: <http://mapa.an.gov.br/

index.php/dicionario-primeira-republica/694-policia-do-distrito-federal>. Acesso em: 25 set. 2020.

PINTO JÚNIOR, D. V.; MONTEIRO, J. P. **História da Polícia do Exército – PE**. São Paulo: Gonçalves, 1988.

PLANO Nacional de Segurança Pública. Brasília, 2000. Disponível em: <http://www.observatoriodeseguranca.org/files/PNSP%202000.pdf>. Acesso em: 5 out. 2020.

QUALIFICAÇÃO das Guardas Municipais 1835-1846. Curitiba: Acervo da Câmara Municipal de Curitiba, 3 ago. 1835. Documento manuscrito.

ROLIM, M. F. **A síndrome da rainha vermelha**: policiamento e segurança pública no século XXI. Rio de Janeiro: J. Zahar; Oxford: Centre of Brazilian Studies, 2006.

ROMÉRO, A. **Instruções policiais:** para guardas rondantes. Polícia Municipal. Rio de Janeiro: Oficinas Gráficas do Jornal do Brasil, 1935.

SOIBELMAN, L. **Enciclopédia do advogado**. 5. ed. Rio de Janeiro: Thex, 1994.

SOUZA, A. B. de. **Biografando o Duque de Caxias**: notas de uma pesquisa. Disponível em: <https://cpdoc.fgv.br/sites/default/files/cfa21/adriana_barreto_de_souza.pdf>. Acesso em: 31 mar. 2017.

SOUZA, A. E. T. de. **Guarda municipal**: a responsabilidade dos municípios pela segurança pública. Curitiba: Juruá, 2015.

WEIL, P. **Relações humanas na família e no trabalho**. 54. ed. Rio de Janeiro: Vozes, 2008.

Capítulo 1

Questões para revisão

1. Os principais fatores que motivaram a criação das primeiras forças policiais no Brasil foram a defesa do território, a proteção das receitas da Coroa e a proteção da própria família real. A concepção de *segurança pública* somente surgiu posteriormente.

2. Com a Constituição da República de 1946 (Brasil, 1946), as polícias dos estados, dos territórios e do Distrito Federal passaram a ser oficialmente denominadas *polícias militares*, instituídas conforme texto constitucional para a segurança interna e a manutenção da ordem nos Estados e consideradas força auxiliar e reserva do Exército.

3. b
4. a
5. d

Capítulo 2

Questões para revisão

1. É o exercício do direito de cidadania, realizado pelo cidadão, buscando a diminuição dos riscos e o aumento da segurança individual e coletiva. Compete ao Poder Público, por meio de suas instituições policiais, a preservação da ordem pública e da incolumidade das pessoas e do patrimônio.

2. A atividade da polícia administrativa, em regra, é mais **preventiva** e menos **repressiva**, a atividade da polícia judiciária, por sua vez, é mais **repressiva** e menos **preventiva**.

3. Polícia Federal, Polícia Rodoviária Federal, Polícia Ferroviária Federal; Polícia Civil, Polícia Militar, Guarda Municipal e agente de trânsito.

4. Polícia ostensiva "é a que age de uma forma visível pelo público. Opõe-se à polícia secreta [...] é a que obtém resultados preventivos pela simples ação da presença" (Soibelman, 1994, p. 278).

5. No passado, acreditava-se que somente as forças policiais tinham obrigação de implantar medidas de prevenção e de combate ao crime. Essa visão mudou no sentido de que qualquer pessoa pode auxiliar na prevenção e no combate à criminalidade de forma indireta, executando ações de defesa social, as quais refletem na diminuição do índice de criminalidade.

6. É possível compreender que os agentes de trânsito passaram a assumir a função de polícia de trânsito, assumindo novas atribuições constitucionais.

Capítulo 3

Questões para revisão

1. A guarda municipal, a teor do disposto no parágrafo 8º do art. 144 da Constituição Federal, tem como tarefa precípua a proteção do patrimônio do município, limitação que não exclui nem retira de seus integrantes a condição de agentes da autoridade, legitimados, dentro do princípio de autodefesa da sociedade, a fazer cessar eventual prática criminosa, prendendo quem se encontra em flagrante delito, como de resto facultado a qualquer do povo pela norma do art. 301 do Código de Processo Penal (Lei n. 3.689, de 3 de outubro de 1941 [Brasil, 1941]).

2. Conforme o art. 30 da Constituição.

[...]

> I – legislar sobre assuntos de interesse local;
>
> II – suplementar a legislação federal e a estadual no que couber;
>
> III – instituir e arrecadar os tributos de sua competência, bem como aplicar suas rendas, sem prejuízo da obrigatoriedade de prestar contas e publicar

balancetes nos prazos fixados
em lei;

IV – criar, organizar e suprimir distritos, observada a legislação estadual;

V – organizar e prestar, diretamente ou sob regime de concessão ou permissão, os serviços públicos de interesse local, incluído o de transporte coletivo, que tem caráter essencial;

VI – manter, com a cooperação técnica e financeira da União e do Estado, programas de educação infantil e de ensino fundamental;

VII – prestar, com a cooperação técnica e financeira da União e do Estado, serviços de atendimento à saúde da população;

VIII – promover, no que couber, adequado ordenamento territorial, mediante planejamento e controle do uso, do parcelamento e da ocupação do solo urbano;

IX – promover a proteção do patrimônio histórico-cultural local, observada a legislação e a ação fiscalizadora federal e estadual.

(Brasil, 1988)

3. d
4. d
5. c

Capítulo 4

Questões para revisão

1. Conforme o disposto no art. 28 do Estatuto do Desarmamento (Lei n. 10.826, de 22 de dezembro de 2003 [Brasil, 2003]), é proibido o porte de arma à pessoa com idade inferior a 25 anos, exceto para os integrantes das guardas municipais das capitais e das cidades com mais de 50 mil habitantes.

2. Sim, o estatuto do desarmamento autoriza o porte de arma de fogo para os guardas municipais das capitais e das cidades com mais de 500 mil habitantes, desde que cumpridos os requisitos legais. Atualmente, essa permissão abrange todas as guardas municipais em razão de uma liminar concedida em uma ADI que determina a imediata suspensão dos termos que se referem à quantidade populacional.

3. d
4. a
5. a

Capítulo 5

Questões para revisão

1. Prevenção terciária – conjunto de ações que visam a uma rápida

253

e melhor reintegração do indivíduo na sociedade, tanto vítima quanto agressor.
2. São oito: prevenção social, prevenção universal, prevenção compreendida, prevenção escolhida, prevenção localizada, prevenção primária, prevenção secundária e prevenção focalizada.
3. a
4. a
5. d

Capítulo 6

Questões para revisão

1. O Sistema Único de Segurança Pública surgiu no Plano Plurianual referente aos exercícios de 2004 a 2007 do governo federal, gerenciado pela Secretaria Nacional de Segurança Pública (Senasp). Com a sua implantação, o sistema assumiu as atribuições constantes no antigo programa Segurança do Cidadão, tendo por objetivo principal reduzir a criminalidade e a violência mediante a implantação do Sistema Único de Segurança Pública.

2. Com a entrada em vigor da Emenda Constitucional n. 82, de 16 de julho de 2014 (Brasil, 2014a), passou a ser atribuição do agente de trânsito exercer a segurança das vias públicas das cidades, com a finalidade de garantir a preservação da ordem pública e da incolumidade das pessoas e do seu patrimônio.

3. c
4. a
5. b

Claudio Frederico de Carvalho

Profissão: Guarda municipal
Função atual: Inspetor da Guarda Municipal de Curitiba.
Função anterior: Diretor da Guarda Municipal de Curitiba (janeiro de 2013 a dezembro de 2015).

Formação acadêmica:
Bacharel em Direito com habilitação específica em Direito Civil e Penal pela Universidade Tuiuti do Paraná – UTP (1998).
Especialização (*lato sensu*) em Ciência Política e Desenvolvimento Estratégico pelo Instituto Martinus de Educação e Cultura e pela Associação dos Diplomados da Escola Superior de Guerra – Adesg/PR (2001).
Especialização (*lato sensu*) MBA em Gestão Pública pelas Faculdades Opet (2008).
Pós-graduação em Direito Aplicado pela Escola da Magistratura do Paraná – Emap – e pela Associação dos Magistrados do Paraná – Amapar.
Curso regular da Escola da Magistratura Federal do Paraná – Esmafe/PR – e da Associação Paranaense dos Juízes Federais – Apajufe.

Outras atividades:

Membro da Associação dos Diplomados da Escola Superior de Guerra de Curitiba – Adesg/PR, registro n. 2052/01 – XXX ciclo de estudos.

Conselheiro da Associação dos Servidores Públicos do Estado do Paraná – ASPP.

Tutor de EaD do Ministério da Justiça – Secretaria Nacional de Segurança Pública – Senasp.

Membro da Comissão de Avaliação Própria da Escola da Magistratura do Paraná.

Atuou como membro do corpo de jurados do 2º Tribunal do Júri do Foro Central da Comarca da Região Metropolitana de Curitiba.

Atuou como conciliador do núcleo de conciliação do Fórum Civil da Comarca de Curitiba.

Registro na Ordem dos Advogados do Brasil – Seção do Paraná – OAB/PR n. 21.544, de 23 de março de 2009.

Livros publicados:

CARVALHO, C. F. de. **2º regulamento de uniformes da Guarda Municipal de Curitiba**. 2. ed. do autor. Curitiba: [s.n.], 2010.

CARVALHO, C. F. de. **Estatuto geral da guarda civil municipal**: regimento interno. 1. ed. do autor. Curitiba: [s.n.], 2010.

CARVALHO, C. F. de. **Guarda municipal**: o que você precisa saber sobre Guarda Municipal e nunca teve a quem perguntar. 3. ed. do autor. Curitiba: [s.n.], 2011.

Artigos jurídicos:

A guarda municipal e o Estatuto do Desarmamento;
Por que manter a guarda municipal;
A guarda municipal e a segurança urbana;
Dia nacional da guarda municipal;
Guarda Municipal de Curitiba, a Guarda Municipal e a Constituição Federal;
Guarda municipal – Instituição bicentenária mantendo a segurança pública no Brasil;
Pichar é Legal?.

Os papéis utilizados neste livro, certificados por instituições ambientais competentes, são recicláveis, provenientes de fontes renováveis e, portanto, um meio responsável e natural de informação e conhecimento.

FSC MISTO
Papel produzido a partir de fontes responsáveis
FSC® C103535

Impressão: Reproset
Junho/2022

Maria Verônica Silva Pinto é graduada em Desenho Industrial, mestre em Engenharia Mecânica e doutora em Engenharia de Processos pela Universidade Federal de Campina Grande (UFCG). No período de 2009 a 2010, foi professora substituta no curso de Design de Produtos na UFCG (Universidade Federal de Campina Grande). De 2011 a 2012, foi professora na Faculdade de Desenvolvimento e Integração Regional (Fadire), no curso de Design de Moda. De 2015 a 2017, foi professora na Escola Técnica Infogenius, no curso de Design de Interiores. Em 2017, atuou como docente na Faculdade Rebouças de Campina Grande (FRCG), no curso de Design de Interiores. Tem experiência como docente e profissional no mercado de Projeto de Produtos e Design. Atualmente, realiza consultoria em desenvolvimento de projetos. Sua área de pesquisa abrange os seguintes temas: metodologia de Projeto e desenvolvimento de materiais compósitos aplicados no design de produtos.

Os papéis utilizados neste livro, certificados por instituições ambientais competentes, são recicláveis, provenientes de fontes renováveis e, portanto, um meio **responsável** e natural de informação e conhecimento.

FSC
www.fsc.org
MISTO
Papel produzido a partir de fontes responsáveis
FSC® C103535

✳

Os livros direcionados ao campo do Design são diagramados com famílias tipográficas históricas. Neste volume foram utilizadas a **Garamond** – criada pelo editor francês Claude Garamond em 1530 e referência no desenho de fontes pelos próximos séculos – e a **Frutiger** – projetada em 1976 pelo suíço Adrian Frutiger para a sinalização do aeroporto Charles de Gaulle, em Paris.

Impressão: Reproset